AF356193

TÉMOIN DANS UN DUEL

OU

LA VÉRITÉ SUR LE PROCÈS

VICTOR D'EQUEVILLEY.

PRÉCÉDÉ

D'UNE PÉTITION À M. M. LES REPRÉSENTANTS DU PEUPLE FRANÇAIS.

Fidem nemo unquam perdit, nisi qui non habet.
(P. Syrus. Max.)

FRANCFORT ͨ/M.

C. NAUMANN'S DRUCKEREI.

1848.

Jeté en prison à la suite d'un jugement trop précipité pour être impartial, délivré par la révolution de Février 1848, c'est du fond de l'exil que je viens demander justice à mes concitoyens. — En ouvrant les portes de ma prison, le peuple ne m'a rendu que la liberté; je viens réclamer mon honneur, mon honneur indignement outragé, mon honneur qui m'est plus cher que la vie.

Ce n'est pas un coupable qui demande grâce à ses juges; c'est un innocent, un cœur loyal, un homme calomnié *sans preuves*, qui vient demander la révision d'un procès, où l'ordre de culpabilité a été étrangement interverti.

On a calomnié en moi le faux témoin; l'accusation s'est complu à me présenter comme un débauché, un fanfaron qui, ne trouvant pas son nom de *Vincent* assez ronflant pour faire des dupes, l'allonge de son plein gré d'une particule, d'un nom qu'il a pris on ne sait où, et d'un titre usurpé. — Pour tous, je ne suis qu'un soldat de fortune, vivant au jour le jour, ne devant ma position, mon grade, et les honneurs qu'on a bien voulu me décerner, qu'aux hazards d'une guerre civile: et encore cette position, ce grade et ces honneurs ont été sérieusement discutés.

A tout cela je ne répondrai que par des preuves, par des pièces authentiques; ces pièces et ces preuves, dont le tribunal n'a pas voulu écouter même la lecture, je les imprime.

Accusé comme faux témoin, je produis un mémoire qui répond pleinement à ce premier chef, et si victorieusement, que d'accusé je deviens accusateur.

On a voulu me contester un titre; cela m'était parfaitement indifférent: avec une vie aussi laborieusement occupée que la mienne, une carrière aussi agitée, aussi périlleuse je puis le dire, j'ai toujours fait bon marché de semblables enfantillages, moi qui ai fait dix ans la guerre à l'étranger sans prendre jamais d'autre nom que celui de *Victor*, et qui fais cent fois plus de cas d'un homme qui met son courage et son bras au service de la cause qu'il a embrassée que de celui qui n'a pour toute recommandation qu'un titre brillant qu'il traine dans une vie oisive et inoccupée; avant tout, je suis soldat et je relève bien plus de mon épée que de l'armorial Franc-comtois.

Mais on est venu nier mon nom, le nom de d'Equevilley, le nom que mon père, mon grand-père, tous les membres de ma famille ont porté avec honneur. — L'honneur est un titre héréditaire qui en vaut bien un autre; j'ai dû m'attacher à prouver que ce nom de d'Equevilley, que l'on m'a contesté, était bien le mien; j'ai donc accumulé pièces sur pièces, toutes celles que j'ai pu me procurer dans mon exil; j'y ai joint l'arbre généalogique de ma famille, et devant ces preuves écrites le doute ne sera plus permis. — Les titres ont été abolis en France, peu m'importe, les noms restent; ce que je veux, ce que je tiens à prouver, c'est que le nom de d'Equevilley est mon nom, celui de mon père, de mes ayeux; qu'en récompense des services rendus par eux à leurs souverains, à leur patrie, ils aient été faits comtes, barons, chevaliers etc., là n'est pas la question, l'important pour moi, c'est qu'ils étaient tous d'Equevilley. Je trouve d'ailleurs qu'il y a plus de lâcheté à renier son nom que de sottise à le décorer d'un titre qui ne nous appartient pas.

J'ai pris ma vie dans ma plus tendre enfance, il le fallait bien; après avoir nié mon nom, l'accusation allait me chercher jusque dans mes pensions pour me calomnier; je n'ai donc pas besoin de m'excuser d'entrer dans tous ces détails qui semblent toucher à la puérilité, pour moi tout est grave, et je veux faire tomber pièce à pièce les armes de la calomnie: pour arriver à ce but, la défense la plus éloquente est selon moi une preuve écrite. *Verba volant, scripta manent.*

C'est donc avec confiance que je m'adresse aux représentants de mon pays; après avoir jeté les yeux sur ce mémoire et les pièces qui viennent corroborer ce que j'avance, ils demeureront convaincus, j'en suis certain, de l'innoncence d'un malheureux, qui expie cruellement un délit qui n'est pas le sien, et ils feront justice; ils rendront, j'en suis sûr, un fils à son vieux père, un exilé à sa patrie, un défenseur à la France.

Francfort sur le Mein, 10 décembre 1848.

VICTOR D'EQUEVILLEY.

ACTE DE DÉPÔT

DES

PIÈCES JUSTIFICATIVES CONTENUES DANS CET OUVRAGE ET DÉPOSÉES CHEZ M. LE DOCTEUR HOFFMANN, NOTAIRE DE LA VILLE LIBRE DE FRANCFORT.

TRADUCTION[1].

AU NOM DE DIEU!

Aujourd'hui treize Décembre, mil huit cent quarante huit, à trois heures après-midi; Monsieur le capitaine Toussaint Victor Vincent d'Equevilley, né à Marnay, France, a comparu devant moi Jean Jacques Hoffmann, docteur en droit et notaire de la ville libre de Francfort: en présence de Messieurs Jacques Guillaume Spengler, bourgeois et épicier; et Henri Charles Haas, écrivain, requis comme témoins, il a déclaré:

> Qu'il désire déposer chez moi, pour quiconque aurait intérêt à les consulter, une liasse de différents papiers et documents nécessaires à sa défense dans le procès à lui intenté pour la part qu'il a prise, comme témoin, au duel de Mrs Dujarrier et Beauvallon.

---

[1] Texte de l'original:

IM NAMEN GOTTES! Heute den dreizehnten December achtzehnhundert achtundvierzig, Nachmittags drei Uhr, erschien vor mir, Dr. jur. Johann Jacob Hoffmann, Notar der freien Stadt Frankfurt, und uns Jacob Wilhelm Spengler, Bürger und Spezereykrämer und Heinrich Carl Haas, Scribent allhier, letztere als requirirte Zeugen, Herr Hauptmann Toussaint Victor Vincent d'Equevilley, geboren zu Marnay in Frankreich, mit der Erklärung:

> er wünsche zum Behufe der beliebigen Einsichtnahme für Jeden, welcher ein Interesse daran haben sollte, eine Parthie verschiedener Papiere und Dokumente bei mir niederzulegen, die zu seiner Vertheidigung in seinem Prozess, wegen Theilnahme als Zeuge bei dem Duell zwischen Herrn Dujarrier und Herrn Beauvallon, dienten.

Me rendant à la demande du dit capitaine d'Equevilley, il m'a remis les papiers et documents minutieusement spécifiés dans l'anexe ci-jointe, où ils se trouvent divisés en trois catégories. Chaque paquet a été transpercé de cordons rouges et blancs, dont les bouts ont été scellés sur une feuille de papier avec mon cachet notarial et celui aux armes du réquérant.

Les dites pièces sont déposées chez moi et seront communiquées à quiconque le désirera.

Suivant demande ultérieure, le présent acte légal a été dressé, et, après l'apposition de ma signature et de celles des témoins, remis entre les mains de Monsieur le réquérant.

Dʀ Jean Jacques Hoffmann,
notaire de la ville libre de Francfort.

Henri Charles Haas,
témoin réquis.

Jacques Guillaume Spengler,
témoin requis.

L. S.
not.

Diesem Verlangen des Herrn Hauptmann d'Equevilley stattgebend, überreichte mir derselbe die hier in der beigehefteten Anlage genauer specificirten Papiere und Dokumente. Dieselben wurden in drei Kathegorien abgetheilt, jedes Paquet mit rother und weisser Schnur durchzogen und deren Enden auf einem Blatte Papier mit dem Siegel des Herrn Requirenten und meinem Notariatssiegel befestigt. — Die Urkunden liegen bey mir zur Einsichtnahme bereit.

Weiterem Verlangen gemäss, wurde hierüber dieser legale Akt errichtet, von mir und den Zeugen unterschrieben und dem Herrn Requirenten behändigt.

So geschehen zu Frankfurt ⁿ/M. ut supra.

(gez.) Dr. Johann Jacob hoffmann,
Notar der freien Stadt Frankfurt.

(gez.) Heinrich Carl Haas,
als erbetener Instrumentszeuge.

(gez.) Jacob Wilhelm Spengler,
als erbetener Instrumentszeuge.

L. S.
n t.

L'acte notarial ci-dessus est reconnu véridique.

Francfort °/M. le 16 Décembre 1848.

Chancellerie du tribunal urbain,
(signé) DR EYSEN.

N°. 664. Vu à la légation de France à Francfort pour légalisation de la signature de M. le Dr Eysen, premier
secrétaire du tribunal de la ville.

Francfort le 18 Décembre 1848.

Le chancellier de légation
A. LENGLET.

Sceau de la
légation de France.

Vorstehende notarielle Unterfertigung wird als ächt hier-
durch beglaubigt.

Frankfurt °/M. den 16. December 1848.

L. S.

Canzley des Stadtgerichts
(gez.) DR. EYSEN.

NOMENCLATURE

DES

PIÈCES JUSTIFICATIVES DONT LES ORIGINAUX SONT DÉPOSÉS CHEZ M. LE
DOCTEUR HOFFMANN NOTAIRE A FRANCFORT s/M.

PREMIÈRE PARTIE.

Pièces concernant la famille d'Equevilley.

N? 1. Généalogie de la famille d'Equevilley d'après les chancelleries
de Dôle et de Nancy.

N? 2. Equevilley. Traité de mariage entre Jacques Emanuel Dupuy
Seigneur de Lavoncourt et Dame Anne de la Valette Baronne
de Gelnoncourt, du 17 Janvier 1718. Garnier Notaire.

N? 3. Traité de mariage pour le sieur Victor Charles Vincent écuyer
seigneur d'Equevilley et la Demoiselle Maximilienne de Lavoncourt, du 10 Décembre 1743. Germain Notaire.

N? 4. Extrait de naissance de Charles Gabriel Vincent d'Equevilley.

N? 5. Extrait mortuaire de Dame Maximilienne de Lavoncourt d'Equevilley.

N? 6. Extrait de naissance de Denys Victor Vincent d'Equevilley.

N? 7. Extrait de naissance de Toussaint Victor Vincent d'Equevilley.

N? 8. Extrait de naissance de Marie Louise Charlotte Sébastienne
Huvé Dame d'Equevilley.

N? 9. Extrait mortuaire de Mathieu Denys Vincent d'Equevilley.

DEUXIÈME PARTIE.

Pièces concernant la biographie de M.ʳ d'Equevilley.

TROISIÈME PARTIE.

Documens ayant rapport au procès.

N.° 12. Un exemplaire de la lettre intitulée *appel à la justice de la presse Française*.

N.° 13. Un exemplaire de la brochure intitulée, défense de Rosemond de Beauvallon, (imprimerie de Renouard à Paris).

N.° 14. Un exemplaire de la brochure intitulée. Précis des services rendus au roi et à la famille royale par le chevalier Vincent d'Equevilley, (imprimerie de Patris à Paris).

N.° 15. Plainte du sieur François contre d'Equevilley.
Déposition du nommé Auguste de Maynard devant le juge instructeur le 16 juin 1846. (Extrait des procédures déposées au greffe de la cour royale de Paris.)

N.° 16. Une lettre signée de Bémon et une autre lettre sans signature.

(Sceau notarial.)   Pour extrait conforme.

(signé) DR. HOFFMANN.

PÉTITION

À

MESSIEURS LES REPRÉSENTANTS DU PEUPLE FRANÇAIS.

À

MESSIEURS LES REPRESENTANTS DU PEUPLE FRANÇAIS.

Messieurs,

En matière criminelle, il est des causes qui semblent avoir eu pour but moins la recherche d'un _fait que le triomphe d'une idée, même d'une circonstance; ce sont celles où éclate l'antagonisme qu'au sein des institutions, même les meilleures, la nature complexe des relations, des devoirs et des sentiments a créé entre le citoyen et l'homme, entre les lois et les moeurs, dont les unes défendent et flétrissent souvent des faits que les autres imposent et tiennent en honneur. Par leur nature exceptionnelle, par la position sociale des parties, par les questions ardentes qu'elles soulèvent, et la part que la vindicte publique y fait aux colères ou aux cupidités de la vengeance privée, ces causes ont le pouvoir funeste d'exciter le bruit, d'alimenter la malignité, de provoquer un conflit passionné d'intérêts et d'opinions, jusque dans le sanctuaire de la justice. Elles changent une controverse en une lutte où les vaincus de la veille s'arrangent une revanche pour le

1

2

lendemain, et où la victoire qui a pour trophée la vie, la fortune, la liberté ou l'honneur d'un homme, ne reste pas plus toujours à la vérité qu'au bon droit dans les batailles. Trop souvent alors, Messieurs, les condamnations intervenues, justes peut-être eu égard à l'état des esprits et des éléments de conviction sous l'empire desquels elles ont été prononcées, ne tardent pas à être un objet de doute et une source d'impression pénibles qui ressemblent à une réaction. En voyant que dans ce conflit d'idées, de principes et de faits contradictoires, des hommes bien nés, doués d'éminentes qualités, environnés d'honorables sympathies, ont été frappés de peines dont l'infâmante sévérité n'atteint pas toujours des hommes habitués au crime, sans liens de famille et de société, l'opinion qui est le cri de la conscience des peuples, s'étonne, s'appitoie, s'inquiète; elle se demande, tout au moins, si la justice se passionnant à son insçu, s'est assez souvenu qu'elle sacrifiait un homme à la prépotence contestable d'une abstraction de la raison sur un sentiment du coeur, et d'un aphorisme de légiste sur un trait du caractère national. C'est que l'opinion publique, a l'instinct que dans ces sortes de causes, il existe un côté purement humain qui a des droits à ce qu'on lui fasse sa part, et dont la loi, impassible et généralisatrice, n'a pu tenir compte, dans ses prévisions, non plus que la justice dans ses appréciations, liées qu'elles sont l'une et l'autre par des textes et par des formules.

C'est pour cela, Messieurs, qu'en France le pays des moeurs généreuses, des délicatesses sociales, des devoirs d'honneur et d'affection, et du respect de l'individualité humaine, les cours de justice n'ont pas le dernier mot et que, même après leur dernier arrêt, tout n'est point fini pour le condamné. Quand la loi écrite, loi de texte et de formule, loi de marbre et de répression a épuisé son droit; la loi vivante, qui en est la personnification et la sanction, loi d'esprit et de verbe, loi d'entrailles et de grâce commence à exercer le sien; elle s'appelait autrefois le souverain, elle s'appelle aujourd'hui le peuple ou la nation: dont vous êtes les représentants.

Donc, Messieurs, tant que la loi vivante qui n'est étrangère à rien de ce que Dieu a mis dans le coeur de l'homme, qui est supérieure à toutes les passions individuelles et collectives, qui commande, non seulement à titre de raison de vérité et de justice, mais encore à titre de bonté et d'amour, n'a pas été invoquée; tant qu'elle n'a pas répondu, l'intérêt de la vindicte publique a seul obtenu satisfaction, mais il reste à pourvoir à l'intérêt de l'individualité humaine. Dès lors la justice suprême n'a point été rendue, et en s'adressant à vous qui êtes souverains, le condamné peut encore tout dire, parceque vous pouvez encore tout apprécier.

Ce recours à la loi vivante, Messieurs, est tellement dans les instincts et dans les besoins des peuples, qu'à travers les transformations les plus restrictives imposées à l'exercice de la puissance souveraine, le droit de grâce est le seul auquel les plus hardies révolutions n'aient pas touché; elles l'ont abandonné à la plénitude de son libre arbitre et de sa libre action.

C'est à jamais le salut de la vérité, de l'humanité et du droit qu'il en soit ainsi! et devant Dieu et devant les hommes, Messieurs, ce sera une des gloires de notre jeune république qu'elle ait fait du droit de grâce le plus fréquent

4

comme le plus intelligent usage, et qu'elle l'ait posé en système de gouvernement.

Par ces motifs, Messieurs, Toussaint Victor Vincent d'Equevilley condamné pour faux témoignage à dix années de réclusion par la cour d'assises de la seine le 14 Août 1847, vous supplie de l'admettre à vous présenter respectueusement mais librement, les considérations de faits et de personnes qui font de sa cause une de celles que votre haute raison ne peut manquer de couvrir des droits sacrés de la prérogative de la souveraineté nationale.

Dans le duel ou Dujarrier succomba le 11 Mars 1845, le sieur Rosemond de Beauvallon, son adversaire, eut pour témoin Victor d'Equevilley capitaine au service d'Espagne, chevalier de l'ordre Royal et Militaire de St. Ferdinand de 1ère classe, décoré de plusieurs autres ordres pour actions de guerre, issu d'une famille de Franche-Comté, où la noblesse d'épée est héréditaire depuis trois siècles.

Les circonstances dans lesquelles cette rencontre avait pris son origine, l'incertitude qui planait sur la suffisante gravité de ses motifs, les résultats funestes qu'elle avait eus et qui émeuvent toujours puissamment la pitié publique; la jeunesse, la position sociale des champions qui appartenaient tous deux au journalisme, l'un comme gérant de la *Presse*, l'autre comme rédacteur de la partie littéraire du *Globe*; les ennemis ou les tenants que l'un et l'autre avaient dans la publicité; la question du duel surgissant de nouveau toute brûlante des discussions récemment soulevées dans le monde des écrivains, des juristes et des penseurs et qui allait raviver dans la magistrature les dissentiments nés des résistances de plusieurs cours royales à la jurisprudence de

répression que la cour de cassation voulait faire triompher
..... tout concourut à donner à cette rencontre l'importance d'un événement public. Au bruit qu'elle excita tout
d'abord dans les salons, dans la presse et jusque dans les
Chambres on put comprendre, qu'à ce titre, elle subirait ce
cortège obligé de passions et d'intérêts dont la turbulence
et la partialité finissent trop souvent, sinon par affecter la
justice elle-même, du moins par jeter le trouble sur sa marche
et l'obscurité sur ses investigations.

Ce fut sous l'empire de cette animation des esprits
qu'eurent lieu les premières recherches de la justice. Deux
circonstances nées de la loi elle-même, (les poursuites dirigées contre les témoins du duel et plus tard la constitution
d'une partie civile) vinrent l'aggraver encore, en greffant les
combinaisons et les ardeurs de l'intérêt privé sur le calme
et l'impartialité de la vindicte publique.

Poursuivis comme complices de meurtre, les témoins
du duel firent ce que les hommes font trop souvent quand
la crainte des sévérités de la loi les place entre leur intérêt
et leur consience: ils écoutèrent leur intérêt! ils furent ser-
vis en cela par l'éloignement de Beauvallon qui avait pris
la fuite, et de d'Equevilley qui était rentré en Espagne: et
dans leur interrogatoire ils rejettèrent sur les absents avec
une fougue incroyable toute la responsabilité des causes,
des apprêts et de la funeste issue de la rencontre ..... et
même quelque chose de plus!

Sur cette instruction la chambre des mises en accusation de la cour royale de Paris rendit un arrêt de non-lieu
en faveur de toutes parties. Déféré à la cour de cassation
cet arrêt fut maintenu à l'égard des témoins, d'Equevilley

compris, et cassé à l'égard de Beauvallon qui fut renvoyé devant la cour de Rouen, sous la prévention de meurtre volontaire avec préméditation.

Pour bien édifier, Messieurs, votre haute raison sur les phases diverses dans lesquelles cette affaire a passé et sur les causes fatales qui ont donné tout d'abord pour auxiliaire à la vindicte publique et à la partie civile les soulèvements de l'opinion toujours ardente à croire au mal, toujours si lente à accepter les faits contre ses idées préconçues, et toujours prête à se laisser rejeter dans ses premières impressions, il importe de préciser les faits que les témoins du duel, entendus comme accusés, avaient déposés, dans l'instruction écrite, et par leurs relations, dans la presse et dans la société, répandus dans le public où toutes sortes d'antagonisme les accueillaient pour les grossir et les envenimer.

Ainsi le duel aurait eu lieu sous un prétexte frivole; la cause véritable aurait été une rivalité entre la *Presse* et le *Globe;* malgré l'esprit conciliateur de ses témoins, Dujarrier aurait été réduit à la nécessité d'accepter la rencontre, sous peine de sévices et de voies de fait même en public; d'Equevilley aurait été à la fois l'instigateur et le porteur de cet *ultimatum* implacable; Beauvallon et ses témoins se seraient fait attendre une heure et demie sur le terrain; au moment de charger les armes l'un des témoins de Dujarrier aurait fait observer que les pistolets étaient encore chauds: il aurait introduit son doigt dans un des canons et l'en aurait retiré noirci; il aurait, pour éclaircir ses soupçons, demandé si les pistolets avaient été essayés; d'Equevilley aurait nié sur son honneur; enfin après le coup de feu tiré par Dujarrier, Beauvallon, avant de tirer le sien, aurait durant deux minutes visé son adversaire. D'un coté, de tous ces faits commentés, arrangés, enchevêtrés les uns dans les autres comme dans la charpente d'un roman ou d'un drame, on concluait tout haut, qu'au mépris des conditions arrêtées entre les témoins, les pistolets dont Beauvallon s'était servi avaient été essayés par lui, le matin même du duel, dans l'un des établissements de tir qui se trouvait sur la route du bois de Boulogne; que Beauvallon avait voulu à tout prix satisfaire une vengeance personnelle depuis longtemps méditée; que d'Equevilley avait été son complice; qu'entre eux il y avait concert de pensée et d'action pour arriver à la satisfaire; et qu'enfin, arrangé par des spadassins, le duel avait été un assassinat.

D'un autre côté la mère et les héritiers collatéraux de Dujarrier s'excitaient à ces rumeurs, dont, par des adhérences et des intérêts dans quelques journaux politiques et judiciaires, ils se fesaient la voix et l'écho tout ensemble. Déçus de leurs espérances dans le rendement d'une fortune qui reposait sur les fictions mouvantes de l'industrialisme, et dont le plus clair et le plus net avait été écorné par des dispositions testamentaires qui avaient eû leur scandale, ils se préparaient à trainer bruyamment leur deuil devant la justice criminelle, afin d'y retrouver dans des réparations civiles en argent un dédommagement à la part de succession qu'ils avaient perdue.

En toute vérité, Messieurs, tels étaient au 29 Mars 1846, les faits accrédités auprès de la justice; telles étaient et les préventions acceptées par le public et les passions qui allaient se donner carrière, lorsque Rosemond de Beau-

8

vallon ayant quitté l'Espagne pour se constituer prisonnier comparut, devant les assises de la seine inférieure. En toute vérité aussi, jamais un plus frappant exemple de la facilité funeste avec laquelle l'opinion et la justice elle-même peuvent être poussées à des préventions injustes, n'aura été donné que par les débats de la cour d'assises de Rouen.

Les faits dont la gravité avait servi a échafauder autour de la rencontre du 11 Mars 1845 une accusation de meurtre prémédité et réussi par des spadassins, ne se purent tenir debout au grand jour de l'audience. Et ce qui en resta reçut une explication si simple, si naturelle, si plausible, si vraie, qu'une fois de plus les esprits calmes et désintéressés durent s'étonner et s'effrayer de toutes les présomptions de culpabilité que la terrible logique des passions pouvait extraire des faits les moins criminels.

Malgré l'énergie des accusations poussées à outrance, les insinuations, les réticences, les sophismes et les sarcasmes acérés de la partie civile; malgré les admonitions du Ministère public et les confrontations du Président des assises, les témoins du duel dégagés de toute complicité et ne se trouvant plus, comme dans l'istruction, placés entre leur conscience et leur intérêt, revinrent à la loyauté de leur nature et au respect de la vérité: ils firent entendre la voix de leur conscience et alors il resta acquis aux débats: que la cause du duel était bien celle qui avait été indiquée; que cette cause était suffisamment grave pour avoir motivé une demande d'explications; que cette demande ayant été cavalièrement repoussée, du fait et de la volonté de Dujarrier, non moins que du fait et de la volonté de ses témoins, qui par leur jeunesse et d'autres motifs ne se trouvaient pas à son égard dans une assez parfaite indépendance, il avait fallu arriver à la nécessité d'une demande en réparation; que si cette demande avait dû se changer en une exigence, le tort en était aussi à Dujarrier qui avait fait d'une rencontre une sorte de calcul de position, et qui, après avoir balancé les chances par *doit* et *avoir*, avait adopté la nécessité pour lui d'un baptême de feu, et pour les mêmes raisons imposé sa volonté à ses témoins; que loin d'avoir fait effort pour rendre cette rencontre funeste, Beauvallon, ses témoins et d'Equevilley surtout, chacun dans la mesure de sa part d'action, avaient travaillé autant que le permettaient les lois de l'honneur qui sont celles du courage, à lui enlever tout caractère irrémissible; que si le pistolet avait été imposé par Dujarrier et par ses témoins, Beauvallon et d'Equevilley avaient au contraire proposé et jusqu'à un certain point exigé l'épée par des motifs dont l'honorabilité chevaleresque fut attestée et reconnue; que si, le danger attaché à ce choix, avait été encore accru par le refus de pistolets d'arçon et par l'exigence impérieuse de l'apport d'armes de précision et à balle forcée le refus et cette exigence avaient encore été du fait et de la volonté des témoins de Dujarrier; que si Dujarrier avait attendu plus d'une heure au bois de Boulogne, les pieds dans la neige, il y avait plus à faire la part de la fatalité des choses que de la volonté humaine; car d'un côté dans l'état des préparatifs du duel, Dujarrier et ses témoins portés par des chevaux rapides s'étaient trop hâtés; Beauvallon et ses témoins n'avaient eu à leur disposition que des chevaux de fiacre tenant à peine pied sur une terre de neige et de glace; d'un autre côté Dujarrier et ses témoins ne pouvaient s'en prendre qu'à eux-même, si dans le désordre de leurs préoccupations ils n'avaient pas songé à prendre pour eux-mêmes au château de Madrid la précaution dont ils avaient entouré leurs cochers, leurs chevaux et leurs voitures mis sous remise et à couvert; que dans tous les cas le retard dont Dujarrier aurait cru avoir à se plaindre ne pouvait pas avoir pour cause un essai de pistolets dans le trajet de Paris au Bois de Boulogne; que la circonstance du doigt noirci montré avec interpellation et affirmation d'honneur, (circonstance contestée du reste, du moins dans ses dernières parties) s'expliquait tout naturellement par les deux flambages qui auraient été faits, l'un le matin a huit heures et l'autre à l'instant même sur le terrain, et tous les deux dans des conditions atmosphériques telles qu'il eut été impossible qu'ils ne laissassent point de trace, que d'Equevilley au moment de charger les armes avait proposé de quadrupler la charge pour faire dévier le coup, ce qui fut, repoussé par le témoin de Dujarrier [1]; que les deux minutes écoulées entre les deux coups de feu des adversaires et employées par Beauvallon à viser Dujarrier, bien que réduites à 40 secondes et puis encore à quelque chose au-dessous, étaient une de ces impossibilités matérielles si évidentes en dehors même des témoignages formels qui lui donnaient le caractère de la

---

[1] Sur le terrain, quand ce brave et loyal capitaine d'Equevilley vous dit: — „Il n'y a que Dieu vous et moi qui le saurons, mettons une quadruple charge et le coup ne portera pas," pourquoi vous Mr Arthur Bertraud refusez-vous? pourquoi proposez-vous de consulter les autres témoins? Mais consulter les autres témoins, c'était faire connaitre une chose que Dieu, vous et d'Equevilley deviez seuls savoir sous peine de rendre le duel ridicule! (Cour d'assises de la Seine 9 Octobre 1847.)

fausseté, que l'émotion la plus grande, fût-elle de la peur, ne suffisait pas plus à la justifier que la plus grande crédulité ou la plus stupide inimitié à l'accepter.

Ainsi dégagée solemnellement des circonstances et des préventions qui, dans l'opinion publique l'avaient transformée en un meurtre odieux, la mort de Dujarrier ne présentait plus qu'une question de duel, participant de la loi et des moeurs. Pour en faire sortir le caractère du crime et lui en infliger la peine, la portion de la Magistrature ralliée à la jurisprudence de la cour de cassation, avait à interpréter dans le sens le plus absolu l'article qui définit le meurtre, et cette interprétation était tenue pour trop judaïque par un grand nombre d'excellents esprits de la Magistrature qui se refusaient à l'accepter et à l'appliquer; mais devant le jury, reflet et expression de tous les sentiments humains, de tous les instincts sociaux, et de l'état présent des moeurs et des préjugés et qui, en cette qualité, n'est lié par aucun texte de la loi même formel et moins encore par des textes sujets à interprétations diverses, cette question devait être decidée par l'appréciation de la coutume et des moeurs; et elle le fut.

Or, vous le savez, Messieurs, la France est le pays du monde où malgré les efforts du christianisme dans nos temps modernes, les anathèmes de la philosophie dans le dernier siècle et les sévères appréciations de la froide raison dans tous les temps, le préjugé du duel est encore le plus enraciné dans les moeurs, le plus fermement accepté par des esprits éminents jusque dans les conseils du gouvernement, et comme une efflorescence instinctive du caractère national. Le jury de la Seine inférieure prononça donc un verdict d'acquittement.

Mais après cette satisfaction accordée aux moeurs, la cour d'assises crut devoir, en ce qui dépendait d'elle donner une satisfaction à la loi; or, la loi veut que tout citoyen soit responsable du préjudice et du dommage qu'il a causés par son fait, quelle que soit du reste sa volonté. Le dommage occasionné à la famille Dujarrier ayant été évalué à vingt mille fr., Beauvallon fut condamné à payer cette somme et la durée de la contrainte par corps fut fixée à deux ans.

Cependant, comme dans toutes les affaires de ce monde qui ont puissamment ému l'opinion publique, l'agitation survécut au verdict du jury de Rouen, et par la recherche des causes secondaires de la continuité de ce soulèvement des passions dont la cause première ne pouvait plus exister, l'enchainement des faits et des idées doit conduire fatalement à l'origine véritable du procès criminel intenté à d'Equevilley et à l'issue fatale qui lui a été donnée.

Messieurs, deux circonstances fâcheuses, dont l'une ne se rattachait que fort indirectement à la rencontre du 11 Mars, dont l'autre n'était qu'une conséquence, un droit naturel de l'arrêt de la cour d'assises, mais qui certainement, l'une et l'autre étaient fort indépendantes de la volonté, de l'action et de la personne de d'Equevilley, vinrent favoriser dans leur persistance les hostilités publiques et privées et les antagonismes de principes et d'idées.

Il en faut convenir; dans le public, dans la presse et et au sein de la magistrature surtout, il se disait que les principaux témoins de cette malheureuse affaire, vivant tous

dans un milieu assez libre de moeurs et de langage, n'a-
vaient pas pris la peine de se donner devant la cour de
Rouen même l'hypocrisie de cette gravité, de cette réserve,
et on allait jusqu'à dire de cette décence dont l'imposante
majesté de la justice leur faisait un devoir à tous. D'un
côté les antagonistes du duel, à quelque hiérarchie politique
et sociale qu'ils appartiennent, ne voulant pas se résigner
à leur défaite, en prenaient prétexte pour déplorer amère-
ment la fatalité qui voulait que l'issue d'une affaire où était
engagée une haute question légale, philosophique et religi-
euse eut été livrée aux témoignages de toutes ces personnes qu'on disait être des jeunes hommes sans moralité, des
jeunes femmes sans rigueurs et des écrivains sans conduite,
qui semblaient n'être venus dans le sanctuaire de la justice
que pour y faire l'exhibition de leurs airs débraillés, de
leurs minauderies, de leur importance et de leurs paradoxes.

D'un autre côté cette partie de la grande et de la
petite presse qui vivant de scandales et de bons mots, s'est
condamnée à défrayer chaque matin la malignité publique,
toujours si éveillée en France, et dont la hargneuse hosti-
lité veut faire de toute excentricité ridicule ou criminelle
un type et un reflet des tendances et des moeurs de notre
état politique et social, se servit de quelques uns des mots
et des airs des témoins du procès de Rouen pour faire
revivre en eux les souvenirs, le jargon et les moeurs de
temps qui ne sont plus. Dans un pays comme le nôtre où
avec un mot on exécute un homme, où mieux vaut souvent
être criminel que ridicule, les mordantes railleries tombées
sur les *gentils-hommes de Rouen,* s'en allèrent partout
ruiner le bénéfice du verdict du jury. On se refusait à le

14

prendre au sérieux et puisqu'il n'avait fait pendre
aucun de ces *gentils-hommes* si spirituellement moqués,
certainement c'était à recommencer; et on a recom-
mencé! Et pourtant, en se reportant à ces débats célèbres,
en consultant les journaux et les souvenirs du temps, il
est resté acquis que la déposition de d'Equevilley devant
la justice n'avait eu ni dans ses termes ni dans sa physionomie, aucun des caractères tant reprochés aux autres
dépositions; elle fut mesurée, grave, sincère, digne en tout
qu'un vaillant militaire, et elle causa une sensation profonde [1]
mais quoi! dans les déportements des passions et des idées,
la langue de l'homme tient souvent de celle du tigre; l'une
raille comme l'autre lèche, jusqu'à faire venir le sang.

Enfin, Messieurs, après son acquittement, Beauvallon
sans fortune, eut le malheur d'être dans l'impossibilité de
payer à la partie civile les vingt mille francs auxquels
il avait été condamné, et il s'enfuit de nouveau pour ne
pas être forcé de donner, non en expiation du duel, mais
en acquit d'une somme qu'il n'avait pas, qu'il ne pouvait pas
avoir de long-temps, deux ans de sa liberté dont personne
n'avait que faire et qui aurait satisfait une haine sans solder
une dette au tribunal de sa conscience. Certes cette fuite était
toute dans les instincts humains qui ont horreur de la
captivité; elle était dans le plein et entier exercice du droit na-

---

[1] L'union du 28 Mars après avoir rapporté la déposition de
d'Equevilley ajoute „*cette déposition faite avec dignité et
convenance parait produire le plus vif effet sur l'auditoire.*„
Le mémorial du même jour ajoute „*cette déposition faite
avec modération et empreinte d'un caractère de loyauté militaire produit le plus vif effet sur l'auditoire.*"

turel et cependant elle souleva ces paradoxes et ces sophismes qui constituent l'hypocrisie morale chez les gens toujours prêts à blâmer dans les autres ce que dans les mêmes circonstances ils seraient les premiers à faire. Mais quoi! instincts humains et droit naturel ne sont-ils pas mis au ban des passions quand les passions veulent perdre ceux qu'elles ont condamnés?

Aussi pour qui ne se fait pas illusion sur la large place que les intérêts d'argent tiennent dans les choses de ce monde et sur l'âpreté tenace avec laquelle ils travaillent à prendre la revanche de leurs déceptions, il est présumable que la déconvenue dont la partie civile fut frappée par cette fuite, est entrée pour une part assez déterminante dans l'initiative des poursuites dirigées contre d'Equevilley. Sans vouloir faire l'humanité pire· qu'elle n'est, il parait difficile même, que cette présomption ne se change pas en certitude, quand on lit les conclusions primitives de la plainte en dénonciation, portée par les héritiers Dujarrier. D'Equevilley en effet présentait une autre surface que Beauvallon pour des dommages-intérêts, on le savait riche par son père et par lui-même; aussi la plainte ne parle-t-elle pas seulement de faux témoignage; elle est formée en complicité de meurtre et l'on déclare vouloir se porter au besoin partie civile. Si d'Equevilley était déclaré complice de meurtre, la cour le condamnerait au moins à 20,000 fr. comme Beauvallon et on retrouverait avec lui ce qu'on avait perdu avec l'autre. Et en effet, on se présenta à l'audience dans cette pensée; on déclara se réserver le droit de se porter partie civile; mais comme la complicité de meurtre avait été écartée et que le débat

16

se réduisit au faux témoignage, que dès lors il n'y avait pas moyen de prétexter le moindre dommage donnant lieu à la moindre demande de deniers, on abandonna la partie, et on laissa faire la vindicte publique.

Messieurs, il n'est point d'homme de conscience et de sens, si prévenu qu'il soit par son respect pour la chose jugée, qui, en rappelant ses souvenirs, ne reconnaisse la parfaite exactitude de ce tableau de la situation des esprits, des passions, des intérêts, des personnes et des choses avant et après le verdict du jury de Rouen; et c'est pour cela, Messieurs qu'on le livre respectueusement à votre sollicitude éclairée.

Et maintenant, Messieurs, est-il d'une vérité aussi exacte que cette situation, aggravée encore par une animation et des circonstances nouvelles se soit prolongée, jusques dans le procès de d'Equevilley pour faire de la condamnation de celui-ci comme faux témoin, la ravanche de l'acquittement de Beauvallon comme duelliste? est-il exact aussi que son action continue a été jusqu'à un certain point déterminante sur les témoignages, sur les incidents et la physionomie des débats, sur la presse, sur le public de l'audience, sur l'opinion, sur l'accusation, sur la défense elle-même, sur le verdict du jury et sur la sévérité de la peine qui en fut la réponse? Pour tout dire sans garder d'arrière pensée, cette situation n'a-t-elle pas été pour d'Equevilley comme un milieu fatal d'où il eût été impossible à tout homme de sortir innocent et libre? Messieurs, la réponse à ces questions sortira de l'appréciation physiologique des circonstances de droit, de fait, de personne et de moralité qui ont donné au procès d'Equevilley le caractère de l'un des plus terribles exemples de l'implacable influence des idées préconçues sur les décisions humaines.

Tout en respectant le travail mystérieux qui se fait dans la conscience du jury, dont Dieu seul a le secret, on est amené par la certitude philosophique qui ressort des faits et des idées loyalement étudiées, à affirmer que le verdict du jury prononcé contre d'Equevilley est principalement le produit de la combinaison de quatre circonstances:

1° le nom et la gentilhommerie d'emprunt dont on soupçonnait d'Equevilley;

2° l'expérience du doigt noirci faite après le flambage des pistolets;

3° l'arrestation de Beauvallon, séance tenante;

4° la déclaration d'un témoin révélateur.

De ces quatre circonstances, la dernière seule avait un certain degré de caractère pertinent à l'accusation; toutefois sans le concours des trois autres, non seulement elle n'aurait eu rien de décisif, mais elle portait en soi, par sa nature même assez d'éléments légitimes de légèreté et même de suspicion, pour ne point faire autorité, et cependant, Messieurs, de ces trois circonstances qui sont venues donner à une quatrième la virtualité qu'elle n'avait pas, qu'elle ne pouvait pas avoir par elle-même et déterminer une conviction de culpabilité, la première est une ridicule et lâche calomnie, la seconde est une erreur grossière judiciairement démontrée depuis par le savoir uni à l'expérience, et la troisième est un effet d'audience autorisé par un article de la loi sans doute, mais qui, faute d'avoir été combattu par les moyens que donne un autre article de loi, a été dans la réalité absolue des choses, ce qu'il

18

est encore dans la conscience publique: la subordination de l'appréciation et de la décision du jury à l'appréciation et à la décision de la Magistrature, formulée par l'ordonnance d'un président d'assises qui établit en fait ce qui n'est encore qu'en question; pour tout dire une sorte de contrainte morale imposée par les voies légales.

Oui, Messieurs, l'usurpation de nom et de noblesse imputée à d'Equevilley était une de ces détestables calomnies dont les passions se servent pour égarer l'opinion publique qui trop souvent s'y laisse prendre. Or, pour qui sait l'enchainement d'idées que suit la formation des jugements humains, la conclusion logique devait être celle-ci: l'homme capable de s'introduire frauduleusement dans le monde avec une origine, un nom, un titre qui ne sont pas les siens, pour voler une considération qu'il ne mérite pas, peut bien être capable d'introduire dans un duel des armes frauduleuses pour voler la vie à quelqu'un.

Déjà, au procès de Rouen, l'accusation et la partie civile elle-même ne s'étaient pas trompées sur les résultats de cette logique de prévention: l'une avait désigné *Victor d'Equevilley se disant capitaine de cavalerie au service d'Espagne;* l'autre poussant plus loin l'insinuation diffamatoire avait dit: *ce témoin quel est-il? qui le connait? qui répond de lui? qui sait au juste d'où il vient? la justice croit mieux le connaitre* . . ces deux attaques étaient rudes, mais, comme elles n'étaient portées qu'incidemment, quand d'Equevilley voulut repousser la première par des preuves certaines, il lui fut répondu avec un ton d'indifférence parfaitement dédaigneux: *votre qualité n'est pas en question, nous n'avons ni à la nier ni à la contester, nous vous prenons pour ce que vous dites,* quant à l'insinuation de la partie civile, comme elle fesait partie de la plaidoierie et que toute interruption est interdite aux témoins, elle dut passer sans autre protestation qu'une lettre publiée le 1er Avril dans un journal; mais qu'est-ce qu'un journal contre une assertion répandue à cent mille exemplaires? D'Equevilley resta donc classé dans l'opinion comme un homme d'une position sociale fort équivoque. De là à compléter en cas de besoin la ruine de sa moralité par une insinuation directe sur une usurpation de nom et de noblesse, il n'y avait qu'un pas.

A peine les premiers bruits sur l'épisode qui pourrait être ajouté au procès de Rouen eurent-ils été lancés dans la publicité avec cette habileté cauteleuse de réticences et de discrétion transparentes, qui procurent tous les avantages d'une dénonciation sans en présenter les dangers, que ce pas fut franchi. Comme ballon d'essai, il parut une réclamation d'un marquis homonyme ayant dans son nom un *c* de plus et un *e* de moins. Une fois sur ce terrein les insinuations allèrent vite à l'aide des sentiments et des bons mots moitié railleurs et moitié indignés que ces sortes d'usurpations soulèvent par leur côté à la fois ridicule et coupable. A cet égard, Messieurs, les esprits railleurs ou sérieusement froissés ne tardèrent pas à se croire en toute conscience le droit de se donner carrière. Des insinuations, les meneurs de l'opinion étaient passés à l'annonce formelle de l'exhibition d'une affirmation vivante. Cela semblait résulter des termes mêmes de la plainte portée par les héritiers Dujarrier. Ils ne désignaient plus d'Equevilley, comme l'accusation de Rouen, *se disant capitaine au service d'Espagne;* ils admettaient cette qualité, mais, calquant leurs insinuations sur la forme adoptée par le ministère public, ils jetèrent du doute sur sa noblesse, en le dénommant Victor Vincent *se disant Vicomte d'Equevilley:* ils s'étaient en effet procuré un homme qui depuis plus de vingt ans possédait le secret des affaires de la famille d'Equevilley dont il avait eu en mains tous les papiers, qui avait été avec elle sur un certain pied d'intimité et qui avait marié un de ses cousins-germains avec la sœur de d'Equevilley: par son caractère d'officier ministériel, par sa position de fortune, par ses hautes fonctions dans l'administration municipale, cet homme avait pour lui toutes les présomptions possibles de gravité, de loyauté et de sincérité. Or cet homme disait à qui voulait l'entendre que d'Equevilley avait pris le nom de son village, qu'il s'appelait Vincent tout court, que par suite de son inconduite, il était parti pour l'Espagne où il se battait tantôt pour la Reine, tantôt pour Don Carlos, probablement pour le parti qui le payait le mieux. Ce qu'il disait ainsi à tout venant, cet homme était prêt à l'affirmer en justice sous la foi du serment . . . il l'affirma. Sa déclaration devait trouver cette faveur que l'opinion ne manque jamais d'accorder aux idées et aux choses qui flattent et confirment ses préventions, vérité ou mensonge, et cette faveur il la trouva. D'ailleurs, se disait-on, qui oserait, non pas nier ou contester, mais seulement soupçonner les déclarations de l'un des douze maires de la ville de Paris, d'un officier de la Légion-d'honneur, d'un ancien notaire dont la signature avait donné aux transactions et aux actes de la vie civile le caractère irréfragable de l'authenticité légale; et ces déclarations en effet ne furent ni contestées ni soupçonnées. Enfin il n'est pas jusqu'à l'indignation manifestée à l'audience par un témoin qui ne servit à ajouter à tant de causes de faveur, l'intérêt qui s'attache au témoignage d'un homme que, par un étrange effet d'audience, on posa en victime d'une tentative d'intimidation.

Eh bien, Messieurs, s'il existe au monde un enseignement grave qui puisse apprendre à la justice que l'âge, la fortune, la position officielle ne sont pas des garanties suffisantes pour que, sans contrôle, elle croie au désintéressement de la conscience, à la loyauté des paroles et à la plénitude de la raison; s'il existe dans les fastes judiciaires un exemple de l'aveuglement déplorable avec lequel la preuve de l'imposture des plus faux témoignages peut être étouffée sous les préventions que ces témoignages caressent, ce sont bien certainement l'enseignement et l'exemple dûs à l'homme et au témoignage qui ont pu changer une vérité certifiée et légalisée en une usurpation de nom et de titres dont l'insinuation seule avait suffi à attirer sur d'Equevilley les railleries et les mépris de l'opinion. Aussi, la conscience publique le dit-elle tout haut aujourd'hui: l'indignation que manifesta un témoin, bien qu'inopportune et dangereuse peut-être, fut une indignation honnête; et la faveur publique attachée à cette légalisation sans contrôle d'une prévention qui avait cours dans l'opinion publique, fut une faveur imméritée, coupable, une détestable complicité! Cette légalisation d'un homme public ne fut elle-même qu'une calomnie privée sanctionnant une calomnie publique, une calomnie portée par un homme qui n'ayant pas su résister soit à l'entrainement de certaines obsessions, soit à un aveugle et stupide amour de la popularité, soit à un sentiment de basse rancune pour une reddition de compte réglée contre lui par la chambre même des notaires, vint faire à la justice sciemment, et avec dessein de nuire, un témoignage de la fausseté duquel durant près de trente ans, les papiers de famille et d'intérêts, qu'il avait eus en main, et à la confection desquels il avait concouru, avaient déposé les preuves matérielles et morales dans sa raison et dans sa conscience.

En effet, Messieurs, Victor Vincent d'Equevilley n'est pas plus un gentilhomme de rencontre qu'un capitaine d'aventure et s'il parle de sa noblesse aujourd'hui que la noblesse n'existe plus, s'il parle de ses services chez une puissance alliée de la France, ce n'est ni par vanité ni par jactance, il obéit à de plus hauts sentiments de convenance et de justice; c'est que s'il y a sottise ridicule à se parer d'un nom qu'on s'est forgé à soi-même, il y a félonie et ingratitude à renier un nom que nos pères nous ont transmis.

Une filiation établie sur une succession non interrompue d'actes généalogiques, dont vous trouverez les copies aux pièces justificatives, et dont les originaux resteront déposés chez un notaire, fait de Victor d'Equevilley le dernier rejeton et héritier de la famille des Vincent de Montjustin de Franche-Comté; sa noblesse seigneuriale remonte au seizième siècle. Deux titres de Comte ont été mis en sa possession, l'un par François Vincent parvenu au grade de Lieutenant-général au service d'Espagne et dont la seigneurie de Montjustin fut érigée en Comté en 1658, l'autre par François Vincent, Comte et Seigneur de Citey, capitaine de cavalerie, tué à la bataille de Fontenoy, petit-fils du précédent par Mathieu Cordiant Vincent de Montjustin, premier seigneur d'Equevilley. Elle est entrée par des alliances dans les plus grandes familles de la Franche-Comté, et de la Lorraine, les d'Otheum, les Cordemoy, les Petitot de Clin-champ, les Morgue de Boutteville, les Dupuis de Lavon-court, les Huvé, les Briaucourt, les Mont St. Léger et ce qui vaut mieux au point de vue de la patrie, elle compte jusqu'en 1828 un Lieutenant-général, un Maréchal de Camp, douze capitaines de cavalerie ou de différentes armes, dont huit chevaliers de St. Louis et trois morts sur le champ de bataille, tous du nom de d'Equevilley de Montjustin.

Après cela, Messieurs, que penser et que dire du témoignage de cet homme public qui, ayant été trente ans le notaire de cette famille, et ayant écrit au père du malheu-reux condamné plus de cent lettres à l'adresse non de Vincent qu'il prenait pour un nom de baptême, mais de d'Equevilley, a osé déclarer que le fils seul avait ajouté au nom de Vincent le nom de son village et que le père était d'une famille même au-dessous de la bourgeoisie! Jamais homme a-t-il plus odieusement fait taire sa con-science pour caresser et servir des passions qui avaient intérêt à ce qu'en passant par sa bouche, le mensonge dont elles avaient besoin devint une vérité?

Messieurs, la noblesse de sang et d'armes est donc bien aujourd'hui pour d'Equevilley un héritage qui lui a été transmis en lignes directes et collatérales de génération en génération depuis le seizième siècle. De même, Messieurs, la carrière des armes qu'il parcourait a été pour lui une sorte de legs par tradition de race; et comme militaire

24

aussi bien que comme gentilhomme, ce qu'il se disait être il l'était de droit et de fait.

De plus, ce n'est point comme l'a dit la même calomnie, pour avoir été refusé à l'école militaire de St. Cyr, et pour avoir par une vie très aventureuse et de mauvaise renommée rendu son séjour impossible en France, que d'Equevilley était allé chercher du service en Espagne. En 1833, il avait demandé à se présenter au concours du 1ᵉʳ Octobre; et il lui fut répondu le 3 Mai que nul ne pouvait être admis aux examens, s'il n'avait accompli sa 18ᵉ année au moment où ces examens doivent avoir lieu; qu'étant né en Novembre 1815 il ne remplissait pas cette condition rigoureusement exigée et qu'ainsi il ne pouvait être donné suite à sa demande. Cela résulte d'une lettre émanée du ministère de la guerre, direction du personnel et signée du général sous-directeur A. Miot. D'après un bulletin d'études signé Barthe et Labaume, directeurs de l'école préparatoire de Montreuil à Versailles et qui porte à la marge *excellent élève sous tous les rapports*, on trouve d'Equevilley *élève d'élite* dans cette école le 1ᵉʳ Juillet 1834; et enfin c'est au mois de Janvier 1835, qu'il entre en Espagne, avec le Colonel Iglesias auquel il rend les plus intéressants services et qui le recommande et le présente au général en chef Cordoba qui, sur cette recommandation, celle du général Harispe et en récompense de ses services comme volontaire depuis quatre mois, le nomme sous-lieutenant aux chasseurs à cheval d'Alava. Le 21 Septembre de la même année le Baron Suarce, colonel du régiment des chasseurs d'Isabelle 11, annonce en ces termes l'entrée de d'Equevilley dans son régiment: *j'ai reçu sur la conduite de Mʳ d'Equevilley les renseignements les plus favorables; je le prends pour mon officier d'ordonnance et ne tarderai pas à lui faire obtenir de l'avancement.*

C'est dans ces derniers mots que se trouvent les véritables motifs qui ont déterminé un jeune homme de dix-huit ans à prendre du service chez une puissance alliée et amie de la France; à cet âge des rêves ambitieux, on va là où l'avancement est si rapide qu'on voit des épaulettes de généraux sur des épaules de moins de trente ans. De plus, en prenant du service en Espagne, d'Equevilley obéissait aussi à un instinct traditionnel de famille, il allait en quelque sorte retremper dans des services nouveaux la noblesse que cette couronne avait conférée à ses ancêtres pour récompense des services anciens. Ce fut en effet le Roi Philippe II qui, au temps où la Franche-Comté était possédée par l'Espagne, érigea en Seigneurie avec lettres-patentes de noblesse la terre de Montjustin en faveur de Noël Vincent capitaine de l'une de ses compagnies d'ordonnance; après celui-ci, Pierre Vincent Seigneur de Montjustin son fils avait été capitaine de cavalerie espagnole et son petit-fils François-Vincent, devenu Lieutenant-général au service de la même couronne, avait vu en 1650, pour la grandeur de ses services, sa seigneurie de Montjustin érigée en comté par le Roi Philippe IV.

Au service d'Espagne d'Equevilley a suivi les exemples légués par sa famille. La calomnie a fait de lui un aventurier mettant son courage et son épée au service du *parti qui le payait le mieux;* et des lettres, des recommandations, et des propositions pour des grades supérieurs et des croix, des nominations, des brevets signés par la Régente Marie

Christine, par la reine Isabelle: par les Narvaez, les Cordoba, les Pezuela, les Ayerbe, les Mazzaredo, les Oraa, les Prim, les Pacheco y Gragera, les Valentin Ferras, les Juan Tello, les Anselmo Ibañez, les Quiroga y Friaz, les Narcisso Lopez, les Francisco Gonzalez, les José Padules, tous généraux des armées Espagnoles dévoués à la personne et au trône de la Reine Isabelle II, attestent que Don Victor Vincent d'Equevilley entré au service à l'âge de 19 ans, n'a pas cessé depuis l'année 1835, par une nombreuse suite d'actions de bravoure et d'éclat, dans plus de vingt combats, sièges et batailles où il payait bravement de sa personne, de faire montre d'activité, de valeur, de sang-froid, de dévouement et de fidélité contre tous les partis ennemis de la Reine: aussi parvint-il vite au grade de capitaine qui semble être une propriété de famille, et fut-il décoré de l'ordre royal et militaire de St. Ferdinand de 1re classe, et de plusieurs autres croix dont la dernière, Messieurs, est venu le trouver depuis sa condamnation, comme une haute protestation contre les calomnies qui en France avaient fait, en un jour, un homme déloyal, d'un vaillant officier que la couronne et l'armée d'Espagne qui le connaissaient depuis douze ans, tiennent toujours pour généreux, loyal et brave.

S'appuyant à l'un de ces témoins de passage toujours prêts à déposer dans l'instruction écrite, et qu'on ne retrouve plus au jour de la confrontation de l'audience, la calomnie avait fait de d'Equevilley, à Madrid, un de ces hommes compromettants et compromis que les hommes de délicatesse et de distinction excluent de leur intimité et de leurs réunions; et voilà que d'Equevilley a les mains pleines de Lettres où les Serrano, les Paz, les Prim comte de Reuss, les comtes de Castella beau-frère de l'infant Don Henri de Bourbon, malgré la différence des rangs et des grades sont avec lui sur le pied de l'intimité la plus amicale, la plus confidentielle, la plus honorable pour tous. Le Duc de la Rocca lui assigne des audiences particulières au nom de la Reine Isabelle, le Majordome de la Reine Régente Marie Christine de Bourbon, l'invite au nom de son auguste souveraine à assister aux soirées de la royale possession de Vista-Allégre, le Colonel Verastegui et Don Carlos de la Torre se font les parrains de son introduction au Casino del Principe où se réunit la noblesse d'Espagne et tout ce qui a un rang dans les arts, dans les lettres dans l'administration et dans les armes.

Le général Manso, Capitaine général des royaumes de Valence et Murcie autorise les anciens chefs et compagnons d'armes de d'Equevilley à se réunir pour lui donner un témoignage public de moralité et de bonne conduite, et quarante officiers colonels, majors ou capitaines tous décorés des ordres Militaires d'Espagne attestent et signent collectivement et individuellement que d'Equevilley s'est *„toujours conduit en militaire plein d'honneur et de loyauté, que par la délicatesse de ses procédés dans la vie privée et par sa bravoure sur les champs de bataille il a toujours mérité l'estime de ses chefs et de ses camarades et obtenu justement ses grades et ses décorations!"*

Pour les besoins et la transformation du duel du 11 Mars en un meurtre par préméditation, fraude et déloyauté, la calomnie a fait de d'Equevilley un matamore sans esprit de conciliation et sans merci; et voilà que les généraux comte de Reuss et Oribe, les Brigadiers Tomar, Ortega, les colonels Fernandez de St. Roman et Lorenzo Milans, et les députés aux Cortès N. Carraquiri, Vahey, Banuelos, les Marquis del Regno et de Torre Orgas, grands d'Espagne, attestent *« qu'il est à leur connaissance, que par son caractère conciliant et généreux depuis douze ans qu'il est aux armées, d'Equevilley a empéché plusieurs duels entre ses camarades »* et à cette attestation collective se joignent les attestations individuelles de Don Carlos Gaertner, Don Louis Lefebre, Carlos de Tentre, José Gradit, tenants ou parrains dans ces duels que, par sa modération, sa prudence et sa haute réputation en matière de courage et de point d'honneur, d'Equevilley était parvenu à empêcher, malgré la gravité de leurs motifs.

Voilà, Messieurs, ruinées aujourd'hui les calomnies dont l'échafaudage fut artificieusement dressé dans l'opinion pour exécuter plus facilement d'Equevilley dans sa famille, dans sa moralité, dans sa liberté, dans son honneur. Mais au moment où ce malheureux jeune homme eut pu les combattre corps à corps devant ses juges, leur influence sur la presse et sur le jury fut d'autant plus active et puissante, que les faits qui les ont constituées paraissaient ne s'être glissés au procès qu'à titre d'incidents et de renseignements généraux; que n'ayant été ni mis en cause, ni incriminés spécialement par l'accusation qui affectait de ne pas s'en préoccuper, ni d'en vouloir rien conclure, ces faits par la nature vague et insaisissable de leur énonciation, ne pouvaient donner lieu à aucun examen contradictoire et approfondi; qu'ainsi, sans être judiciairement afférents à la question de faux témoignage, ils la dominaient cependant d'une façon subreptice pour la préjuger de toute la hauteur d'une question préjudicielle de moralité posée et résolue d'avance. Messieurs, plus calme, mieux éclairée la conscience publique le proclame aujourd'hui; l'accusé en fut écrasé, la défense déconcertée, l'accusation fortifiée, la magistrature influencée, le jury convaincu. Et les trois autres circonstances déterminantes du verdict de culpabilité en portent une empreinte si fortement marquée, que, dans sa raison et dans sa conscience, nul aujourd'hui n'oserait affirmer que, sans les calomnies odieuses qui viciaient incessamment les faits relatifs au faux témoignage dans leur essence et dans leurs circonstances, les débats n'auraient pas eu une autre direction dans leur contrôle, la défense plus de sympathie, ces faits eux-mêmes moins de crédit, les magistrats moins d'éclats indignés, les jurés moins de préventions, la question posée une autre réponse et bien certainement la peine moins de sévérité.

Déplorable exemple, Messieurs, des méprises auxquelles aboutit souvent le soulèvement des passions publiques et privées et bien fait pour frapper votre haute raison : En effet, Messieurs, l'origine première de l'épisode ajouté au procès de Rouen comme une revanche due à la pudeur publique aura été dans les colères et les railleries soulevées par les allures, les dépositions et les qualifications des témoins qui se posaient en raffinés d'honneur toujours l'épée au poing; et il se trouve que la revanche a été prise sur le témoin dont la modération et l'esprit conciliateur sont le plus solidement attestés, dont la déposition fut remarquée pour sa fermeté digne et contenue, pour sa rondeur et sa franchise toute militaire, et dont au milieu de tous ces *gentilshommes de Rouen* vrais ou faux, le nom et la noblesse

ayaient bien certainement l'authenticité la moins contestable!
Enfin, Messieurs, dans un procès en faux témoignage, l'élément qui, en corrompant tous les autres, aura le plus concouru à former la conviction de culpabilité se sera trouvé reposer précisément sur une déclaration qui porte en elle tous les caractères de faux témoignage!

L'atmosphère morale dans laquelle, après l'avoir viciée, l'imputation calomnieuse de l'usurpation de nom et de noblesse avait poussé le procès d'Equevilley, fit sentir tout d'abord son action délétère sur la circonstance déterminante du doigt retiré noirci, de l'un des pistolets au moment du duel.

Sans qu'ils impliquent en rien le respect dû à la chose jugée, trois motifs, Messieurs, de nature à frapper votre haute raison, permettent aujourd'hui d'examiner cette circonstance de ce point de vue; le premier, c'est que, dans le procès de Rouen où elle avait déjà figuré, cette circonstance, malgré ses adhérences d'heure et de lieu plus pertinentes que dans l'accusation nouvelle à la présomption de l'essai des pistolets, avait vu son caractère de criminalité écarté par un verdict d'acquittement; le second, c'est qu'elle a été l'un des faits trop nombreux sur lesquels la conscience de tous a dit que, manquant d'habilité ou de courage pour résister aux entrainements de l'opinion et pour leur faire honte, la défense a été désertée; et que sans aucun doute s'il avait été dit à l'audience ce qui va l'être ici, le jury de Paris, pas plus que le jury de Rouen, n'en aurait constitué une criminalité à laquelle aucun fait nouveau n'avait apporté aucun élément nouveau.

Le troisième, celui qui sinon devant la loi au moins devant la raison et le droit de grâce, donne ouverture à une sorte de révision, c'est que cette criminalité appuyée du rapport et d'une expertise faite dans des conditions contraires de lieu et de saison par un chimiste, un de ces demi-savants qui sont les ignorants de la pire espèce, a été ruinée six semaines plus tard dans le procès Beauvallon par les déclarations unanimes des plus célèbres armuriers et maitres de tir de Paris.

Oui, Messieurs, si au lieu de se dérober devant les égarements de l'opinion et des obséquiosités de clientèle, la défense, comme c'était son droit, son devoir et la vérité avait dit au jury : — Le doigt noirci a les mêmes témoins et la même origine que les deux minutes écoulées entre les deux coups de feu ; les témoins sont ceux de Dujarrier ; l'origine c'est le désarroi d'idées et de sentiments dans lequel de jeunes hommes inexpérimentés et sans consistance furent jetés par un évènement que leur légèreté leur avait fait tenir jusqu'au bout en dehors de leurs prévisions, dont l'issue fatale trouva leur âme désarmée, et dont la responsabilité leur causa une épouvante telle que pour s'y soustraire ils n'avisèrent à rien de mieux qu'à la rejeter sur d'autres en la calomniant dans ses circonstances préparatoires ! Étourdis qui avaient perdu la tête au point de ne pas songer qu'ils s'exposaient à se faire dire que si au moment où ces circonstances s'étaient produites ils avaient déployé en simple bon sens, la centième partie de ce qu'ils dépensaient après coup en indignation, l'évènement n'aurait pas eu lieu.

Au procès de Rouen, la circonstance des deux minutes est tombée devant la déposition des témoins qui avaient entendu les deux coups de feu et aussi devant l'impossibilité matérielle constatée par un témoin, la montre à la main de tenir un pistolet à bras tendu pour viser non seulement durant deux minutes mais durant les quarante secondes aux quelles les affirmations s'étaient réduites. Et les témoins de Dujarrier furent amenés à convenir que c'était évidemment de leur part une erreur née de l'émotion qui leur avait fait perdre jusqu'à la faculté d'une évaluation axacte du tems, et prendre pour deux minutes et même pour 40 secondes l'instant rapide qui suffit à compter *un, deux, trois!*

La circonstance du doigt noirci, non peut-être dans sa matérialité, mais bien certainement dans sa moralité, c'est-à-dire dans les inductions qu'on avait voulu en tirer pour changer en certitude les soupçons d'un essai de pistolets, dut être et fut regardée comme le résultat d'une seconde erreur née de la même cause. Le Jury, en effet, n'a pas pu comprendre en dehors de la perturbation d'esprit dont les témoins s'accusaient, que l'un d'eux eût fait résulter sur le terrain un soupçon de déloyauté de ce que les pistolets auraient été chauds, et de ce qu'ayant introduit son doigt dans un canon, il l'en aurait retiré noirci.

1° Parceque les pistolets, eussent-ils été essayés au tir Renette comme on en a eu la pensée, il existe du rond point des Champs-Élisées au Château de Madrid dans le bois de Boulogne une distance telle, que le temps nécessaire pour la franchir, et encore avec un fiacre dont le conducteur déclarait s'être égaré, aurait suffi pour réfroidir des armes même chauffées à blanc; qu'ainsi d'Equevilley avait dit vrai en répondant à l'interpellation du témoin du doigt noirci, „les pistolets sont chauds parceque je les tieus sous mon paletot depuis plus d'une heure"; qu'ainsi cette réponse péremptoire, cathégorique, conforme à la vérité matérielle et morale, avait du satisfaire puisqu'on était passé outre.

2.º Parceque, au moment où le témoin qui en déposa avait indroduit son doigt dans le canon du pistolet qu'il avait mission de charger, ces deux pistolets avaient été flambés à poudre selon l'usage, le matin même avant neuf heures, et qu'un flambage fait dans les premiers jours du mois de Mars par un tems de brouillard et de neige, laisse des traces sensibles par la décomposition rapide de la poudre; qu'en admettant même la non-existence de ce premier flambage, il venait d'en être fait un là, sur le terrein, immédiatement la gueule des armes inclinée vers la terre pour étouffer le bruit quelques secondes tout au plus avant l'instant où le doigt aurait été introduit; que dès lors, il était impossible, qu'en retirant son doigt noirci, un témoin qui avait coopéré ou tout ou moins assisté à ce flambage constaté, reconnu, avoué, acquis aux débats, eut pu en retirant son doigt noirci oublier ce qui venait de se passer pour attribuer ce fait à une opération autre que celle qui venait d'avoir lieu devant lui et même par lui; qu'ainsi il eut été contre tout bon sens comme contre toute convenance qu'il eut adressé à ce sujet à d'Equevilley une interpellation d'honneur; car la réponse eut été trop simple pour ne pas être faite: *Monsieur si votre doigt est noirci c'est que de ces pistolets il vient de sortir de la poudre:* que si nonobstant le bon sens et la convenance, cette interpellation à l'honneur niée par d'Equevilley, lui avait été adressée, il restait toujours la vérité matérielle et morale de la réponse qui aurait été faite. Et pour les soupçons nés du doigt noirci comme pour ceux nés de la chaleur des pistolets, il dut y avoir et il y eut retour à une sincérité parfaite puisque l'on passa outre.

Le Jury de Rouen n'a pas du comprendre, n'a pas compris davantage en dehors de cette même émotion que s'étant montré satisfait de ces deux réponses avant le duel, le témoin au doigt noirci, ait pu immédiatement après se reprendre à ses soupçons pour les aller colporter; qu'il eût pris le public pour confident de ses soupçons alors qu'il n'y avait plus de remède, lui qui n'en avait fait part ni à Dujarrier ni à son co-témoin, alors qu'au moyen d'une interpellation haute et solennelle devant tous les intéressés, il aurait pu tout empêcher et comme tout homme de logique et de sang-froid, le jury se disait: ou la parole d'honneur de d'Equevilley, si elle a été donnée, a été jugée valable par le témoin au doigt noirci, ou elle ne l'a pas été? Si elle ne l'a pas été, comment a-t-il pris sur lui de décider seul une question où le jugement de tous ses amis était à peine suffisant; lui qui quelques secondes plus tard, quand il lui est proposé do fausser la charge des pistolets pour faire dévier le coup, ne veut rien décider sans consulter ses amis, sur un acte qui ne devait avoir pour confident que Dieu, d'Equevilley et lui? Si au contraire la parole d'honneur a été donnée et jugée valable, comment expliquer autrement que par le désarroi des idées et la prévision des nécessités prochaines d'une défense en justice, que moins d'une heure après le duel on parle et on agisse de manière à entacher de déloyauté et de mensonge l'homme dont on l'a acceptée, alors que dans l'intervalle il ne s'est produit pour forcer à ce revirement de convictions aucun fait autre que la mort de Dujarrier. Or, outre qu'en thèse générale la mort d'un homme dans un duel n'implique pas la présomption d'un essai préalable de pistolets, dans là circonstance cette mort aurait du amener une présomption contraire: une balle à la tête est toujours un coup de maladresse.

D'ailleurs dans la raison et la conscience du jury de Rouen, ce fut moins la douleur de cette mort, que la crainte des poursuites judiciaires excitées par la récente jurisprudence de la cour de cassation qui provoqua la réminiscence de l'idée de ces soupçons, et fit jouer au doigt noirci un rôle qui a fait tant de bruit. Le témoin a bien dit qu'il avait montré son doigt dans le retour du bois de boulogne à Paris; mais, il n'en dut tirer aucune conclusion, de nature à attirer l'attention des deux personnes qui étaient avec lui dans la voiture, car l'une d'elles déclare qu'elle ne vit le doigt noirci que dans les bureaux du constitutionnel; or, c'est là que furent vivement agitées les probabilités des poursuites judiciaires, auxquelles les témoins du duel pouvaient être exposés. Il parait même que le doigt noirci ne fut pas montré tout d'abord avec l'idée du parti qu'on en pouvait tirer pour les soupçons nés ou à naître; car un témoin, haute intelligence et grand esprit, interrogé sur ce qu'il avait pensé de cette exhibition, à laquelle il avait assisté, et des causes qui l'avait produite, répond qu'elle fut peu concluante pour lui, parceque, dit-il, *quand on va prendre des pistolets chez un armurier on ne les fait pas nettoyer.* Pour tout dire, le témoin au doigt noirci, fut un de ceux qui devant le jury de Rouen enlevèrent le plus à leur déposition toute autorité, car il fut celui auquel le ministère public se vit forcé de reprocher de nombreuses contradictions, que par pudeur sans doute il se borna à qualifier de *singulières!* [1]

Et maintenant, la circonstance du doigt noirci peut-elle être devant le jury de Paris plus qu'elle ne l'a été devant le jury de Rouen, une preuve de l'essai de pistolets. Les deux faits qui la constituent ont-ils reçu de la découverte d'un fait resté inconnu, ou des révélations du témoin apparu dans les nouveaux débats un caractère plus pertinent plus confirmatif que dans les débats anciens? Non, en réalité comme en logique c'est tout le contraire! Dans le système de l'accusation au procès de Rouen, l'essai des pistolets avait eu lieu dans l'intervalle de temps écoulé entre le départ de Dujarrier pour le bois de Boulogne, et l'arrivée de son adversaire sur le terrain, c'est-à-dire, de dix heures à onze heures et demie. Dans ce système, la chaleur des pistolets quelque physiquement impossible qu'elle soit, pouvait jusqu'à un certain point, au premier abord et pour des esprits irréfléchis ou prévenus, avoir une certaine apparence de corrélation avec un essai récent de pistolets; mais dans le système de l'accusation devant le jury de Paris, l'essai des pistolets remonterait non plus à dix heures et demie, mais à sept heures du matin. En sorte que pour trouver une corrélation quelconque entre cette chaleur et cet essai, il faut admettre (le duel ayant eu lieu à midi) que des armes peuvent conserver pendant cinq heures la chaleur qu'un exercice de tir leur a communiquée! Et où trouver une crédulité, une ignorance, ou une mauvaise foi à la hauteur de cette monstrueuse absurdité!..

----

[1] Cour d'assises de Rouen, audience du 27 Mars 1846.

Le double flambage avoué, reconnu, acquis aux débats nouveaux comme aux débats anciens, en quoi la décomposition de la poudre restée dans le canon et par laquelle le doigt fut noirci, peut-elle plus impliquer un essai fait à huit heures qu'à dix heures et demie? En rien, répond la raison unie à l'expérience des armes, car le flambage laisse des traces, car ces traces par suite de la décomposition de la poudre sont plus noires, quand il s'est écoulé quelques heures, comme elles sont plus ineffaçables, quand pour éviter la rouille, l'armurier a laissé dans les pistolets le corps gras avec lequel il les a nettoyés. Or, il s'est écoulé cinq heures depuis l'opération du premier flambage; or, les pistolets avaient été pris la veille, chez l'armurier qui constate les avoir nettoyés et graissés; or, sur le terrain les pistolets avaient été flambés la gueule en bas, et des grains de poudre avaient du infailliblement s'attacher aux parois graissées des canons et pour savoir toutes ces choses, ce n'est ni à un expert chimiste qu'il faut les demander, ni à une expertise faite dans des conditions de temps et de lieu totalement opposées à celles ou fut accompli l'acte qu'on veut expertiser; il suffit de faire appeler le premier amateur de chasse, s'il s'en trouve un dans l'audience, ou à son défaut, les armuriers et maîtres de tir de Paris.

Oui, Messieurs, si la défense, même sans daigner s'arrêter à relever le tissu de contradictions plus *singulières* encore qu'à Rouen dans lesquelles le témoin ne cessa de rouler, si la défense avait dit toutes les choses dont la justesse fut démontrée plus tard; la circonstance du doigt noirci serait restée sans valeur à Paris comme à Rouen; la cour d'assises de la Seine n'aurait point donné ce triste et affligeant spectacle pour le plus simple bon sens, de faire intervenir l'autorité d'un chimiste, ancien pharmacien, dans une question d'armes, comme s'il s'agissait d'une question pharmaceutique de drogue et d'empoisonnement, de faire juger d'un double flambage opéré le 11 Mars, l'un à sept heures du matin, ou l'autre à 11 heures et demie, dans un milieu atmosphérique de 8 degrés de froid, de brouillard et de neige, avec des pistolets encore tout huilés d'un récent nettoyage, par un flambage opéré le 15 Août à midi dans une salle chauffée par la foule et un soleil caniculaire à une chaleur de 25 degrés, et avec des pistolets frottés, polis, tamponnés à l'extérieur comme en dedans. Enfin de ressusciter, par la plus insidieuse confusion des temps et des divers systèmes d'accusation, les inductions premières qui auraient été tirées de la chaleur des armes avant le combat. Et de faire mettre ces pistolets sous un paletot pour expertiser si cette chaleur avait pu venir de cette circonstance; comme s'il se fut agi encore d'un essai fait non plus à 10 heures et demie mais à sept! Comme si la conservation de cette chaleur, suite d'un essai eut été d'une impossibilité matérielle et logique moins absolue dans le second cas que dans le premier!

Cependant, Messieurs, il y eut quelque chose de plus triste, de plus compromettant pour l'honneur de l'intelligence humaine, que cette expertise ainsi faite avec le sérieux le plus imposant, et la plus grande prétention à l'impartialité en dehors de toutes les conditions normales de temps, de lieu d'atmosphère et d'accusation! Ce fut le plein succès qu'elle eut dans le public de l'audience de la rue, et des salons dans l'esprit des jurys et des magistrats.

Oui, Messieurs, il se dit alors publiqement que cette expertise qui blessait le bon sens, le savoir, l'expérience et toutes les conditions de similitude, de temps et de lieu, avait tourné contre l'accusé, qu'elle avait été accablante contre lui! Et cependant, six semaines plus tard, dans l'affaire Beauvallon où elle se présenta, cette même circonstance fut rendue à l'appréciation première qu'en avait faite le jury de Rouen et la déclaration unanime des armuriers de Paris; le même expert pharmacien, et cette même expertise sortirent, l'un convaincu d'ignorance, l'autre entachée de ridicule et d'erreur. Ah! Messieurs, ne direz-vous donc pas avec la conscience publique aujourd'hui, que pour que cette expertise n'ait soulevé aucune protestation, soit dans le jury, soit sur les sièges des magistrats, soit sur le banc de la défense, soit dans la presse contre ce qu'il y avait en elle d'insidieux, de faux, d'anormal, il fallait que dans la presse, dans le jury, dans la magistrature, dans la défense elle-même, tout ce qui est bon-sens, intelligence, présence d'esprit, logique, examen, humanité même fut dominé absorbé, asservi, empoisonné d'avance par cette calomnieuse usurpation de nom et de noblesse, qui avait fait de d'Equevilley un homme qu'on ne jugeait plus que pour la forme, et envers lequel on n'avait nul besoin de se mettre en frais de bon-sens, d'intelligence, de présence d'esprit, de logique et d'humanité. La passion avait criminalisé la circonstance du doigt noirci; la passion l'examina, la passion la condamna; et la passion parut et crut être la justice!

C'est qu'en outre de l'influence générale que cette usurpation fesait planer sur les débats, l'expertise avait été faite et appréciée sous le coup du dramatique incident qui avait préjugé la veille la question de faux témoignage, qui lui avait donné le caractère d'un fait acquis aux débats et après lequel le verdict du jury semblait n'être plus qu'une simple formalité d'homologation. Beauvallon avait été arrêté en pleine audience comme faux témoin. Sans doute, le droit de cette arrestation était écrit dans le texte des dispositions générales de la loi, mais en l'appliquant à la circonstance, on lui a fait ressortir un effet qui n'est pas, qui ne peut pas être dans l'esprit de notre législation et qui a quelque chose d'attentatoire au parfait et libre exercice de la justice par jury.

Beauvallon n'était pas un témoin ordinaire, un témoin dans le sens *absolu* de l'article 330 du code d'instruction criminelle, n'ayant à obéir qu'à sa conscience et à l'intérêt de la vérité, et dont l'arrestation, s'il a failli, ne peut être une sorte de question préalable à vider par la magistrature, et qui enchaine le jury à la décision prise, sous peine d'établir un antagonisme entre la magistrature et le jury et de faire casser moralement par celui-ci les décisions prises par celle-là. Acquitté à Rouen, et paraissant dans une affaire qui donnait à son acquittement le caractère d'une surprise faite au jury, Beauvallon était moins qu'un accusé sans doute, mais il était aussi quelque chose de plus qu'un témoin. Il se trouvait pouvoir être l'auteur principal mais acquitté d'un crime de meurtre dont le complice pouvait être poursuivi, ou bien le complice bénéficiaire d'un crime de faux témoignage, dont l'auteur était devant la justice; qu'elle incriminât ou qu'elle innocentât d'Equevilley, sa déposition ne pouvait donc échapper à l'une des serres de ce dilemme. Dans le premier cas, elle établissait contre d'Equevilley le crime de faux témoignage et de complicité morale de meurtre, et dans le second, elle établissait contre Beauvallon lui-même la complicité de faux témoignage; mais dans l'un et l'autre cas il était impossible que l'arrestation à laquelle cette déposition donnerait lieu, n'établît point et ne proclamât point comme un fait acquis aux débats, le crime à la découverte duquel on procédait. Or, dans cette circonstance, l'article 330 du code d'instruction criminelle n'a-t-il point remis à la magistrature, avant qu'elle n'ait été soumis au jury, l'existence et la criminalité d'un fait, dont l'existence et la criminalité ne peuvent cependant être constatées que par le jury? N'est-ce pas avoir fait l'immixtion de la magistrature, juge du point de droit, dans le jury juge souverain du point de fait? subordonné la conscience de celui-ci, à l'opinion de celle-là, et par l'ordonnance de l'une commandé le verdict de l'autre? n'est-ce pas enlever en quelque sorte aux accusés dans une même cause le bénéfice de la loi qui défend de juger par voie réglementaire, car avec l'article 330 du code d'instruction criminelle on peut rendre réversible sur deux accusés la solidarité d'une cause connexe, par les faits sans l'être dans le jugement: on fait condamner le premier par l'arrestation du second; et plus tard le second par la condamnation du premier.

Non, non, Messieurs; ce peut bien être là pour des juristes une justice qui ne viole point les lois de forme et de procédure, et à laquelle, à ce titre, la cour suprême ne peut rien trouver à reprendre: mais en morale, en équité, en philosophie on se dit que cette justice là n'est pas la justice vraie, la justice indépendente, la justice juste. Le législateur l'a bien senti. Comme s'il avait eu la prescience de tout ce qu'il pouvait y avoir d'arbitraire pour la magistrature, de meurtier pour l'accusé, de coërcitif pour le jury dans les dispositions discrétionnaires de l'article 330, il les a fait suivre des dispositions restrictives de l'article 331. En cas d'arrestation d'un témoin à l'audience, il autorise à renvoyer l'affaire à de prochaines assises: tant il était effrayé lui-même, tout législateur qu'il fût de la réaction judiciaire contre les lois favorables à l'accusé, de ce qu'il pouvait entrer de préventions, d'entraînement d'obédience et même de fièvre d'imitation dans un verdict de jury rendu sous le coup du dramatique effet d'audience qui s'appelle l'arrestation d'un témoin.

Or, Messieurs, si jamais pour que justice fut rendue sans colère, sans passions, en toute indépendence, il a été nécessaire de soustraire par l'article 331 une cause aux éventualités d'influence renfermées dans l'article 330, ce fut bien certainement la cause de d'Equevilley.

L'arrestation de Beauvallon eut lieu en effet au moment précis, où, malgré toutes les préventions et les hostilités, les convictions flottaient encore incertaines entre les témoignages de l'accusation et les témoignages de la défense, entre les ardeurs passionnées des affirmations de ceux-là, et la froide énergie des dénégations de ceux-ci; entre le témoin qui, forcé d'obéir à la loi, avait fait 1800 lieues pour venir dégager son honneur, en affirmant ses révélations, qu'il fesait remorquer par le témoignage d'une femme sans moeurs et sans nom sa concubine, et l'accusé et son témoin qui étaient accourus tous deux volontairement d'Espagne, l'un pour se faire juger et l'autre pour défendre sa loyauté et son verdict d'acquittement. Tous les faits étaient connus, toutes les confrontations avaient été faites, il n'y avait plus, en bonne justice qu'à laisser le jury à la souveraineté de son libre arbitre. Si la magistrature chargée de la direction des débats pensait que des faits affirmés par les uns, et niés par les autres, il résultait nécessairement un faux témoignage, il semble que son intervention ne devait avoir lieu que pour aller à la recherche des preuves matérielles qui pouvaient le constater. Hors de là, se prononcer pour tel témoignage contre tel autre, d'après le regard, le son de voix, le geste, le visage, c'est mettre une sensation à la place d'un fait; c'est jeter dans un des bassins de la balance pour la faire pencher, non une preuve mais un opinion, c'est outrepasser le droit de la magistrature criminelle qui applique le droit, et qui sur les faits interroge, mais n'opine pas, ne délibère pas, ne déclare pas; c'est la faire rentrer par une porte dérobée, et pour une action prépotente d'imitation dans le droit qui lui à été formellement enlevé qu'elle n'exerçait du moins qu'en cas de partage et après que le jury avait épuisé le sien, de peser pour une part déterminante dans une déclaration de culpabilité ou d'innocence. C'est faire planer une sorte de contrainte morale sur le jury placé ainsi dans l'alternative, ou, en acceptant l'opinion de la magistrature de tomber du côté vers lequel sans elle sa conscience n'aurait point penché peut-être, ou, en la refusant, de paraitre avoir cédé à un certain esprit d'antagonisme ou voulu protester contre un empiètement de droit.

C'est là pourtant, Messieurs, ce qui a eu lieu. L'article 330 ressortit son entier effet; et l'article 331 fut aussi oublié que s'il n'avait jamais existé; c'est que malheureusement cet article n'est pas obligatoire.

44

Le renvoi à une autre session est abandonné au plus ou moins de mémoire du défenseur, ou d'impartialité du ministère public; la cour peut le refuser, comme aussi elle peut l'ordonner d'office. N'est-on pas douloureusement affecté à la pensée que du bureau du ministère public, des sièges des magistrats, du banc lui-même de la défense, pas une voix ne s'éleva pour réclamer en faveur de d'Equevilley cette sauvegarde d'un accusé contre l'influence et la responsabilité d'un acte dont il est l'occasion mais non la cause; cette garantie de la justice qui se défie de ses propres entrainements; cette récusation de la magistrature, qui obéit à l'esprit de nos lois en se refusant à être le juge d'un accusé contre lequel elle vient de décréter son opinion.

Ne se dira-t-on point qu'un pareil oubli est la plus accablante preuve de la situation abandonnée que les préventions publiques avaient faite à d'Equevilley, puisque aux pieds de la justice elle-même, il ne trouvait pour les combattre ni faveur, ni termes ni merci? Dans un pays où il est de principe que nul n'est censé ignorer la loi, cet oubli n'a-t-il point été de la part de la magistrature et du barreau dans l'esprit du jury comme un aveu désespéré de l'inutilité d'aller dans l'avenir demander à un plus ample informé des éléments d'une autre conviction? l'influence fatale exercée déjà contre d'Equevilley, par le fait seul de l'arrestation de Beauvallon, n'en a-t-elle point été doublée et rendue inexpugnable?

Messieurs, il n'est personne qui puisse aujourd'hui affirmer sur sa raison et sur sa conscience, que sans cette arrestation le verdict du jury n'eut pas pu être différent de ce qu'il a été; il n'est personne qui sur sa raison et sa conscience, puisse dire que cette arrestation, en mettant la vérité au compte du témoignage révélateur, n'a pas fait obstacle à toute vérification qui aurait pu en être ultérieurement faite soit par la défense, soit par la magistrature elle-même. Il n'est personne qui sur sa raison et sa conscience puisse affirmer que si, par application de l'article 331, le renvoi à de prochaines assises eut été ordonné, d'Equevilley n'en aurait retiré aucun bénéfice.

Messieurs, l'usurpation de nom et de noblesse qui lui était imputée, eut été démontrée calomnieuse et fausse devant le nouveau jury, comme elle l'est dans le mémoire par devant vous; l'expérience du doigt noirci qui pour avoir été faite dans des conditions anormales de temps et de lieu a si évidemment tourné contre d'Equevilley, eut été tenue pour impraticable et dépourvue de tout caractère concluant, comme elle l'a été dans un procès nouveau par les armuriers et maitres de tir de Paris; la descente faite plus tard sur les lieux, pour rechercher les empreintes de la raye et des balles qu'on disait exister sur un mur de la rue des batailles à Chaillot, aurait été pour lui, comme elle l'a été depuis pour Beauvallon, le contrôle de la déposition du témoin révélateur qui n'en avait eu aucun, et dont, par là, le côté moral et personnel trop favorablement accepté sur parole, aurait semblé peut-être moins digne d'autorité. Enfin, il eût été acquis à ces débats nouveaux, comme il l'a été depuis, que le témoin, dont la confrontation avait déterminé l'arrestation de l'acquitté de Rouen, et étayé la seule déposition directement afférente à l'essai des pistolets, déposait sous un nom qui n'était pas le sien; que ce faux nom, équivalent selon des criminalistes éminens à un faux témoignage, servait de couvert non seulement à des moeurs dissolues, mais encore à un adultère permanent qui avait pour complice le révélateur; qu'ainsi un intérêt autre que celui de la vérité, un intérêt d'immoralité, entachait de suspicion légitime la connexité de ces deux témoignages s'appuyant l'un sur l'autre.

Messieurs, telles sont les circonstances graves dont le bénéfice eût été acquis à d'Equevilley si l'article 331 avait été appliqué même d'office, mais dont le concours et la discussion ont fait défaut à sa défense; et hors de l'appréciation et de l'influence desquelles il a été jugé. Permettez donc à d'Equevilley de les évoquer au tribunal de votre haute raison, puisqu'il n'a pu le faire au tribunal de la justice criminelle. Cette évocation, Messieurs, ne porte en rien atteinte à la souveraineté du verdict du jury. La défense n'en ayant point fait usage, le jury n'a point été appelé à en connaitre, son verdict n'a donc pu les juger. La porte reste ainsi ouverte à leur libre appréciation dans un recours en grâce.

L'accusation de faux témoignage sous laquelle d'Equevilley a succombé, dans des conditions d'examen insuffisant, et de défense incomplète, a reposé tout entière sur ceci. Depuis l'acquittement de Beauvallon à Rouen, un témoin a révélé qu'il avait été acteur dans l'essai des pistolets qui avait été fait le 11 Mars 1845 le jour même du duel, à 7 heures et demie du matin dans le jardin de la maison que d'Equevilley habitait à Chaillot rue des Batailles; essai nié par celui-ci devant le jury de Rouen. Isolée, unique, cette révélation après un acquittement, présentait par cette tardi-

vité même, et par d'autres circonstances inhérentes à l'individualité de son auteur assez de causes légitimes de suspicion pour n'obtenir en justice qu'un fort mince crédit. Mais
autour de ce témoignage par connaissance personnelle, l'accusation, pour en tirer une certitude, avait groupé les présomptions nées de témoignages par ouï-dire, de la circonstance du doigt noirci et de la chaleur des armes, si cruellement appuyées les unes et les autres sur la calomnieuse
usurpation de nom, et en pleine audience, sur l'arrestation
de Beauvallon.

Avant d'en venir au témoignage par connaissance personnelle, les témoignages par ouï-dire doivent être comptés
et pesés comme l'ont été les présomptions imposées par le
doigt noirci et la chaleur des armes, par l'usurpation de
nom et de titre et par l'arrestation de Beauvallon à l'audience. Si leur autorité est plus que contestable n'y aura-t-il
pas quelque chose de profondément triste quand la justice
civile veut qu'on ne puisse transmettre plus de droits qu'on
n'en a soi-même, à reconnaître que dans la logique de la
justice criminelle, des présomptions sans valeur peuvent donner à un témoignage la valeur même que ces présomptions
n'ont pas.

Le premier de ces témoins par ouï-dire, est le propriétaire de la maison de la rue des Batailles; maison qu'il
n'habite point, et dont au surplus il n'est devenu acquéreur
que longtemps après le duel.

Il a prétendu, que se chauffant un jour dans la loge
de ses concierges, mari et femme, qu'il tient pour de braves
gens, tout en causant et en regardant les suscriptions des

lettres adressées à ses locataires, le mari lui aurait dit, que le jour du duel on avait essayé des pistolets dans le jardin. Confronté avec le mari, celui-ci affirma, que cette assertion ne pouvait venir de lui, puisqu'à cette époque il était absent de Paris; et il en fournit la preuve. Le propriétaire alors attribua le propos à la femme, et comme si la mémoire lui fut revenue subitement, il assaisonna son affirmation de cette circonstance, que la femme lui aurait déclaré avoir entendu les coups de feu en revenant de laver ou d'étendre du linge dans le jardin. A son tour la femme nia le propos comme le mari qui déclara en outre, que sa femme ne le lui avait jamais tenu à lui-même; elle affirmait en outre, que depuis le mois de Novembre précédent ses infirmités la forçaient à donner son linge à laver dehors, elle appelait en témoignage la blanchisseuse qu'elle employait et les ouvrières de celle-ci; qu'elle n'avait donc pu s'appuyer sur cette circonstance du linge lavé ou étendu. Enfin, Messieurs, le bon sens, qui a bien aussi ses droits, disait que du linge n'étant jamais étendu que pour être séché, cette femme à moins d'être folle n'avait pu dire qu'elle avait étendu du linge dans un jardin à sept heures du matin par le brouillard et la neige, (c'était un fait acquis aux débats,) qui tombaient le 11 Mars; que si pour donner à son assertion, un cachet de vérité, par l'invention de cette circonstance comme cela n'arrive que trop souvent, elle n'avait pas pris garde à cette objection si simple, il était assez difficile de croire que par sa simplicité même, cette objection ne se fut point présentée à l'esprit du propriétaire, sinon pour convaincre la concierge d'imposture, tout au moins pour l'empêcher d'ajouter foi à ses paroles.

Pour expliquer la persistance du propriétaire devant ces dénégations, qui avaient le bon sens pour complice, il n'est nul besoin, Dieu merci! de s'en prendre d'une façon trop absolue, à quelques ressentiments d'un procès par lui perdu contre d'Equevilley; bien qu'à la rigneur les propriétaires devenus témoins se croient peu tenus à être des Louis XII qui ne vengent pas les injures des ducs d'Orléans: cette persistance s'explique plus naturellement, par une de ces aberrations d'esprit inhérentes à notre infirmité humaine. La concierge lui avait dit que l'ancien propriétaire et d'Equevilley tiraient habituellement des coups de feu, carabine et pistolets, et que le mur du jardin était criblé de balles; ceci était de notoriété publique. Elle lui avait rapporté aussi, qu'une glace de l'appartement occupé par d'Equevilley avait été cassée par la balle d'un pistolet de poche laissé imprudemment chargé sur une table de marbre. Restés vagues et incertains dans la mémoire du propriétaire, ces deux faits, après le procès de Rouen, s'y confondirent avec l'essai de pistolets dont il avait été parlé, et que fesait revivre une accusation nouvelle. Hélas! l'histoire de l'intelligence humaine est remplie de ces confusions étranges, inexplicables, rendues plus dangereuses par leur sincérité même et auxquelles sont sujets, plus que tous autres, les hommes qui se complaisent dans leurs propres pensées, qui sourient à leur importance, et qui, pleins d'une foi aveugle dans la certitude de leur jugement qu'ils confondent avec la loyauté de leur conscience, admettent plus volontiers un mensonge dans la bouche des autres, que la possibilité d'un erreur involontaire dans leurs souvenirs. Or, Messieurs, il suffit d'avoir entendu ou lu la déposition du propriétaire de la rue des Batailles pour être persuadé que cette nature est la sienne.

Le second témoin par ouï-dire est la femme, concubine adultère du témoin révélateur. Sa déposition qui a eu deux phases comme elle a eu deux jours, a suivi la progression affirmative commandée par l'intérêt et les périls de la révélation dont elle était l'écho.

Le premier jour, sans communication avec l'audience jusqu'au moment ou elle dépose, comme le veut la loi, cette femme ignore le point extrême auquel la déclaration du témoin révélateur entendu avant elle peut avoir été poussée dans les interrogatoires et les confrontations. Aussi ne sait-elle et ne dit-elle rien en dehors des confidences qu'elle a reçues du révélateur son complice.

On lui demande si elle se rappelle que le 11 Mars à six heures du matin Mr Beauvallon soit venu chez elle rue St. Anne N° 49? Elle répond: parfaitement Messieurs, et elle dit que Beauvallon a demandé Mr de Meynard. On lui demande si elle sait pourquoi? elle répond: je savais qu'il devait se battre, *Mr de Meynard me l'avait dit la veille.* On lui demande si elle a su le résultat du combat? elle répond: *Mr de Meynard me l'a dit.* On lui demande encore si elle a su que Mr de Beauvallon avait essayé les pistolets dont il s'était servi pour le duel? et elle répond encore: *j'ai su par Mr de Meynard qu'on les avait essayés chez M^r d'Equevilley.*

Ainsi voilà qui est bien entendu, par trois fois elle l'a affirmé, ce qu'elle savait ce qu'elle a su, elle ne l'a su que par Mr de Meynard; d'ailleurs par elle-même elle ne peut rien dire, elle n'a rien su, elle ne sait rien. Jusque là, tout est simple, tout est naturel, les choses ont dû se passer ainsi, l'accusé, la défense, le ministère public, les jurés, les magistrats, n'ont pas à s'arrêter à ce témoignage. Quand la voix est là on n'a que faire de s'en prendre à l'écho.

Le lendemain, autres circonstances, autre déposition!

Le lendemain la concubine adultère a connu par le témoin révélateur, venu avec elle à l'audience, assis auprès d'elle à l'audience, sorti avec elle de l'audience, habitant avec elle rue St. Lazare les dénégations que l'accusé avait opposées et les périls qui en peuvent résulter pour eux quand ces dénégations seront appuyées par celles de l'acquitté de Rouen.

Le lendemain aussi elle entend la déposition de Beauvallon, elle assiste à la confrontation dramatique de ce témoin avec le témoin révélateur! ... Comme le public de l'audience, et bien plus que le public de l'audience, elle a l'instinct, elle a la terreur du danger que court celui des deux dont le témoignage pèsera le moins dans la balance de la justice. Elle voit que déjà la confrontation de Beauvallon avec le témoin au doigt noirci, fait pencher le bassin où se trouve la déposition du témoin révélateur; à son tour elle est appelée de nouveau. Beauvallon lui est non complétement mais relativement étranger; le témoin révélateur, au contraire, est lié à elle par la double immoralité du concubinage et de l'adultère. Que fera-t-elle? répéter sa déposition de la veille? Mais ce n'est qu'une doublure, un calque du témoignage en confrontation, pour tout dire c'est ce témoignage lui-même dans une autre bouche, voilà tout. Et pour faire pencher la balance, il faudrait un témoignage par connaissance personnelle des faits incriminés, ou tout au moins par un ouï-dire qui devant la justice n'eût plus le caractère que le sien avait eu jusque là. Le premier de ces témoignages était impraticable, elle adopta le second : il était plus facile pour elle et plus compromettant pour Beauvallon; plus facile pour elle, parcequ'il était dans les habitudes de la vie qu'elle s'était faite, dans les mœurs des femmes au rang desquelles elle était descendue et pour qui l'audace d'affirmation ou de désaveu, oeil sur oeil, parole contre parole est une nécessité quotidienne, une condition d'être ou de n'être pas; plus compromettant pour Beauvallon, parceque la suspicion dont Beauvallon était l'objet pour ses dénégations contre un témoignage par connaissance personnelle serait portée au comble par les dénégations qui auraient à s'exercer sur un ouï-dire dont il serait lui-même déclaré l'auteur.

Ce que cette femme a su, a dit, elle ne le tient plus comme la veille du complice de ses déportemens, de celui-ci, il n'en est plus question. Elle le sait directement, personnellement de Beauvallon lui-même. Comme la veille Beauvallon ne s'est pas borné à demander à 6 heures du matin Mr de Meynard qui venait de partir; il a entr'ouvert la porte, elle était couchée, elle lui a dit d'entrer, elle a fait entr'ouvrir les rideaux. C'est Beauvallon qui lui a dit qu'il avait donné rendez-vous à Mr de Meynard et que c'était pour tirer des pistolets.

Et devant ces circonstances qui changent d'une manière si grave le caractère de la déposition de la veille, ni du ministère public, ni du jury, ni de la magistrature, ni de la défense il ne s'élève une voix pour demander la cause d'un si étrange changement, pas un voix pour dire à cette femme,

Beauvallon n'a pu entrer chez vous à six heures du matin, car voici un témoin qui a passé la nuit dans sa chambre, et qui déclare que Beauvallon n'est sorti de chez lui qu'à sept heures du matin; car Mr de Meynard déclare lui-même n'avoir quitté votre lit qu'à six heures et demie; puisque la veille Mr de Meynard vous avait confié ce que Beauvallon venait faire vous n'aviez nul besoin de dire à celui-ci d'entrer pour le lui demander. Puisque vous étiez couchée, ce n'est pas vous qui lui avez ouvert la porte de l'appartement, c'est une domestique, et celle-ci ayant répondu que Mr de Meynard venait de partir, Beauvallon n'a eu que faire d'aller plus avant pour le savoir de vous. D'ailleurs est-il présumable que Beauvallon, pressé par l'heure et le départ de Mr de Meynard, vous ait fait à vous, dans votre position sociale, une confidence qu'il n'avait point faite à l'ami intime qui avait passé une nuit entière auprès de lui; Beauvallon avait les armes avec lui, vous ne les avez pas vues, vous n'en dites rien . . . . pourquoi surtout portez-vous aujourd'hui au compte de Beauvallon, la connaissance de faits que hier vous aviez complétement mis au compte de Mr de Meynard.

Lorsqu'allant au devant de ces objections, cette femme s'écria quel intérêt puis-je avoir à dire autre chose que la vérité? .. Pas une voix ne s'éleva non plus pour lui dire: *„mais l'intérêt qu'a toute femme dans votre position à sauvegarder l'honneur et la liberté de l'homme dont elle est la maîtresse."* Enfin lorsque pour frapper un dernier coup, en cherchant à le rendre odieux afin d'arriver plus sûrement à le faire croire coupable, cette femme prétendit que Beauvallon, lui avait parlé d'un bal qui avait lieu le soir rue notre dame de Lorette, et lui avait demandé si elle y irait, en lui disant qu'il y irait lui-même, pas une voix ne s'éleva non plus, pour demander l'audition et la confrontation de la personne ou ce bal devait avoir lieu, afin que la justice profitât du seul moyen qui lui était offert de contrôler par la vérité ou la fausseté de cette circonstance là vérité ou la fausseté de la déposition.

Et pourtant, Messieurs, ce fut immédiatement à la suite et comme sous l'autorité du témoignage de cette femme ainsi transformé et aveuglément accepté, comme s'il émanait d'un type vivant de délicatesse et de pureté que Beauvallon fut décrété de prise de corps et accusé de faux témoignage. Ah! Messieurs, si l'on ne savait que cette malheureuse affaire a été, depuis l'origine, livrée à l'action continue des plus ardentes préventions, personne au monde ne pourrait comprendre qu'entre le témoignage d'une femme sans conduite, sans famille, sans nom, qui avait intérêt à sauver son complice concubinaire, et le témoignage d'un jeune homme bien né, ayant de la religion de l'intelligence et du coeur, qui pouvait bien avoir aussi sa loyauté à sauver, mais qui du moins avait déjà pour lui la présomption d'un verdict du jury, la justice gardienne de la sévérité des moeurs ait pris parti pour le témoignage de la femme perdue.

Ainsi devant le bon sens, la logique, la pudeur publique et la vérité, tombent ou calomnieuses, ou ridicules, ou aveugles, ou intéressées les dépositions qui avaient été additionnées avec le témoignage révélateur pour donner à celui-ci le caractère et la valeur d'une sorte de quotient matériel et moral. Dégagé de la perfide vérité paradoxale que des adhérences de présomption peuvent rattacher à l'établissement d'un fait réduit à son isolement, ce témoignage ne va donc plus avoir en équité, en logique et en morale pour constituer une part quelconque de vérité que sa valeur intrinsèque ou celle qu'il reçoit de la nature et de la coordonnance plus ou moins rationnelle des circonstances qui lui servent de base et de développement.

La valeur intrinsèque d'un témoignage réside dans celle de la personnalité même du témoin. Voici ce qui cependant, et depuis le procès d'Equevilley, est tombé à ce sujet, dans la notoriété publique: le témoin révélateur faisait partie de ce monde de jeunes-gens plus importants que considérables, plus vains, que vrais, plus raffinés d'honneur que sévères de conduite, plus légers qu'exacts, plus prompts à compromettre que loyaux à réparer, pourvus de plus de passions dans la tête que de sentiments dans le coeur, fanfarons de vices, de richesses et d'intrigues, menant les plaisirs sans scrupule et la vie grand train, dévorant annuellement plus de revenus que leur capital quintuplé n'en pourrait produire, toujours en cherche de quelques Salomons auxquels ils achètent fort cher des diamants d'une eau douteuse qu'ils revendent a 50 pour % de perte et qui, ruinés d'esprit, de corps et de fortune, traqués, incarcérés, expropriés, libérés, fuyant de rue en rue finissent par s'estimer heureux de tomber par une union concubinaire au rôle de cavalier servant, logé, blanchi, nourri, chauffé et aveugle de quelque courtisane en retraite ou en crédit qui les dispense d'avoir à régler des comptes de tapissier, des loyers de propriétaire et des gages même de quelque grosse Margot pompeusement appelée en conversation ou en justice, valet de chambre ou cuisinière.

Ce qui ne fut établi ni aussi bien ni même d'aucune

façon, devant le jury, à cause de l'espèce d'inviolabilité qui fut faite au témoin révélateur par l'arrestation de Beauvallon, c'est le degré de valeur que son témoignage devait retirer de l'examen des circonstances mêmes qui le constituaient et dans lesquelles, il faut le dire, se retrouvent tout entier le caractère, les habitudes, les moeurs, le langage du triste monde ou ce triste témoin vivait.

Comment le témoin révélateur prétend-il avoir eu connaissance de l'essai des pistolets?

Par quelle série de circonstances a-t-il été amené à en déposer en justice?

Enfin de quels faits, depuis le procès d'Equevilley, la découverte a-t-elle jeté du doute dans la conscience publique sur la parfaite sincérité de son témoignage?

Il est resté acquis aux débats du mois d'Août et du mois d'Octobre que, le matin même de sa querelle, Beauvallon avait choisi Mꞏ de Meynard pour être l'un de ses témoins, et que Mꞏ de Meynard avait refusé. Ce refus, selon Beauvallon, eut pour cause les poursuites par corps exercées contre Mꞏ de Meynard réduit à se cacher. Selon Mꞏ de Meynard au contraire ce refus aurait été motivé par le déplaisir qu'il aurait eû à se trouver en rapport avec les personnes qui figuraient dans l'affaire. Que cette raison désobligeante s'appliquât aux amis de Beauvallon, ou à ceux de Dujarrier, elle n'était pas la raison vraie; car avant le duel il se trouva en parfaites relations avec les premiers, et depuis le duel, il a été en grande intimité avec les seconds. La raison que donne Beauvallon a ceci pour elle, que le mois de Mars 1845 coïncide avec les graves embarras des affaires de Mꞏ de Meynard, et avec les dangers que courait sa liberté, dont une incarcération en 1841 lui avait fait sentir tout le prix.

La veille du duel Beauvallon et d'Equevilley étaient réunis au café Foy sur le boulevard pour un diner auquel M. de Meynard assista. M. de Meynard prétend que là, invitation lui fut faite à se trouver le lendemain matin à six heures et demie, à Chaillot rue des Batailles chez d'Equevilley qui lui aurait remis sa carte pour assister à un essai de pistolets. Beauvallon prétend au contraire l'avoir invité à se rendre à Chaillot pour y apporter les armes qu'il l'avait prié de se procurer de son côté, et qu'à cet effet, c'est lui Beauvallon qui avait donné l'adresse de d'Equevilley.

Le déclaration de M. de Meynard avait ceci contre elle, qu'il est resté acquis aux débats d'Août et d'Octobre, qu'au moment où il l'avait invité à se rendre à Chaillot, Beauvallon n'avait pas encore trouvé de pistolets; qu'il ne pouvait pas savoir s'il aurait ceux de son beau-frère, puisqu'il n'avait pas trouvé celui-ci chez lui; que ces pistolets ne lui avaient été apportés qu'à 10 heures du soir; que lui-même ne les avait trouvés qu'en rentrant, à une heure du matin: que M. de Meynard fut amené à reconnaitre à l'audience du 14 Août qu'en effet il avait été prié et s'était chargé de procurer des armes auprès de certaines personnes qu'il désigna.

La déclaration de Beauvallon au contraire avait ceci pour elle, qu'en dehors de la nécessité et de la promesse de se procurer des armes, l'invitation faite à Meynard de se rendre à Chaillot n'avait pas de sens, n'avait pas d'objet; ayant refusé de servir de témoin, sa présence, en effet, à quoi eut-elle été bonne? Que Beauvallon, ayant selon

M{.} de Meynard, affirmé qu'il connaissait parfaitement les pistolets de son beau-frère dont il s'était servi l'été précédent à la campagne, n'avait nul besoin d'essayer des armes avec lesquelles, il aurait cassé des oeufs et abattu des poupées; que M{.} de Meynard, ayant déclaré que Beauvallon avait l'habitude des pistolets puisqu'il était d'un pays où l'on connaissait toutes les armes, il n'aurait eu que faire d'accepter une invitation à sortir de son lit le 11 Mars à 6 heures du matin pour assister à un essai qu'il savait d'avance superflu et parfaitement inutile; que d'ailleurs il ne pouvait pas échapper à Meynard; que six heures du matin le 11 Mars, par le brouillard et par la neige, était une heure du jour impossible pour s'assurer de la justesse de l'oeil et de la main; que puisque Meynard n'avait pas fait cette objection, c'est qu'il s'agissait tout simplement de savoir, si les pistolets d'arçon proposés par d'Equevilley, étaient des armes acceptables, et que dans le cas contraire, il fallait avoir assez de temps pour s'en procurer avant le rendez-vous fixé à neuf heures du matin. Et qu'enfin M{.} de Meynard étant à peine connu de d'Equevilley, il était plus naturel, plus séant, plus conforme aux règles du savoir-vivre, que l'invitation de se rendre à Chaillot quelqu'en fut le motif, lui fut faite par Beauvallon dont il était l'ami.

Quant à l'objection souvent reproduite et prise de ce que, s'il n'avait pas été question d'essayer des pistolets, il eut été plus naturel d'aller au domicile du second témoin bien moins éloigné, la réponse se trouve précisément dans cette nécessité de savoir si les pistolets de d'Equevilley pouvaient ou non servir à un duel, avant de courir à la recherche des armes, démarche qui a toujours ses ennuis.

Ainsi dans les circonstances qui auraient amené M. de Meynard à la connaissance de l'essai des pistolets, et qui en auraient précédé la perpétration, la certitude qui nait de la logique est en faveur des dénégations de Beauvallon contre les affirmations de M. de Meynard. Pour ce qui est des circonstances qui auraient constitué cet essai lui-même, leur examen aura tout-à-l'heure son tour.

Comment M. de Meynard a-t-il été amené à révéler à la justice le fait dont il prétend avoir été témoin? Messieurs, pour la conscience et la raison humaine la route que suit une révélation pour arriver à la justice constitue la moralité même de cette révélation. Elle est comme le thermomètre du degré de la réalité du fait révélé, elle est en quelque sorte sa raison d'être ou de n'être pas.

Dans les sociétés régulièrement organisées, il est de principe que tout citoyen doit à la justice la révélation des faits criminels dont il a connaissance et dont il peut par serment attester la vérité.

La loi qui pour être juste et obéie ne doit pas exiger le sacrifice des sentiments légitimes et des devoirs naturels de l'homme a établi des exceptions à ce principe des sociétés en faveur des affections et des liens de la famille.

Et les moeurs, toujours plus douces et plus faciles que la loi, ont étendu ces exceptions à ces relations de coeur et d'intelligence qui créent d'homme à homme des intérêts aussi doux, aussi affectueux, aussi sacrés que les intérêts du sang.

S'il est vrai que l'essai des pistolets qui ont servi au

duel du 11 Mars a été fait dans le jardin de la rue des Batailles; s'il est vrai que M. de Meynard en ait été le témoin, homme et citoyen, sa conduite était toute tracée il avait le choix; comme citoyen, il devait son témoignage à la justice; comme homme lié d'amitié avec Beauvallon son compatriote, il pouvait se taire. Mais s'il avait trouvé le moyen de se placer dans cette position bizarre et qui semble impossible, de n'avoir su ni accomplir ses devoirs de citoyen, ni servir ses sentiments d'ami, d'avoir failli simultanément aux premiers sans cependant garder le silence, et aux seconds sans cependant faire de révélation! n'y aurait-il pas là des présomptions graves pour douter que le jour où il a déposé en justice, il ait plus satisfait aux devoirs du citoyen, qu'il n'avait satisfait aux sentiments de l'ami, quand il refusait son témoignage.

Que fait-il en effet?

Il ne veut pas servir de témoin, il déclare lui-même avoir demandé, exigé de Beauvallon et de d'Equevilley que son nom fut soigneusement écarté des débats; quelle raison en donne-t-il? il est l'ami de Beauvallon, par sa déposition il pourrait le perdre; en moralité judiciaire cela peut-être blâmable, mais en moralité humaine cela se comprend et s'approuve. Il ne veut pas être témoin, fort bien, alors il reste à Paris? Non, il va à Rouen. Mais il n'est pas assigné, on ne le fera pas appeler; c'est convenu, n'importe. Il va à Rouen. Cela ne se comprend plus! mais il voulait, dit-il, être là pour le cas où son nom aurait été prononcé; où son témoignage eût été nécessaire. Il n'est donc pas bien affermi dans ses sentimens d'amitié puisqu'il va au-devant du moment où il devra leur préférer ses devoirs de citoyen;

contribuer à la perte de son ami ne soulève pas en lui de bien vifs scrupules puisqu'il prévoit l'instant où il sera forcé d'y mettre la parole et la main. Allons soit! Il assiste donc aux débats, il y est tout yeux et tout oreilles, si bien que du fond de la grand' salle des assises où il était en curieux, il prétend dans les pistolets posés sur la table des pièces de conviction, avoir reconnu les pistolets qui avaient servi à l'essai. Il entend que la grande lutte de l'accusation et de la défense, de la partie civile et de l'accusé portent précisément sur la question de l'essai des armes soulevée par l'incident du doigt noirci, et de l'arrivée tardive sur le terrain. L'instant est donc venu pour lui de reprendre son rôle de citoyen. Il est en face des éventualités qui ont été dans ses prévisions et dans les causes de son voyage: d'un mot il peut faire la lumière dans ces ténèbres, la certitude dans ces doutes ... Il peut pour l'honneur de l'humanité, de la vérité et de la justice, laisser déborder cette indignation qu'il prétendit plus tard avoir ressenti en présence des odieuses et insolentes dénégations de Beauvallon et de d'Equevilley, ... et il demeure à sa place, immobible, muet. Mais il ne sait donc rien, il n'a donc rien à dire, où ce qu'il aurait à dire n'est donc pas la vérité!! peut-être attendait-il que de Beauvallon, ou de d'Equevilley il lui vint une interpellation, une provocation quelconque qui fussent à ses propres yeux une justification ou une excuse, de ce qu'il serait réduit à faire ... Eh! bien cette provocation, la voici: du moins est-ce M⸍ de Meynard lui-même qui en dépose. Elle est vive, directe, et par la manière dont il l'a relevée il en peut-être et il en fut profondément blessé. A Rouen contre le droit et l'usage il entra dans la salle des témoins. Il y entra en saluant *„on parut choqué, dit-il, de ce qu'après avoir salué j'eusse gardé mon chapeau sur la tête. D'Equevilley crut qu'il y avait une pensée insultante, et il demanda si j'étais gentilhomme, on lui répondit que je l'étais."* Mais puisque d'Equevilley avait mis les choses sur ce ton; puisqu'il affectait d'oublier ainsi et les relations de l'année précédente, et jusqu'au nom et à la qualité d'un homme avec lequel il aurait eu la veille encore une explication qui se serait terminée par une menace de tout dire, et dont il était tenu si peu compte, Mr de Meynard n'avait-il pas à faire lui-même une réponse plus directe, plus concluante. Il avait à dire, *„Eh! Monsieur qui feignez de ne pas me connaitre, je suis le gentilhomme qui assistais à l'essai des pistolets fait dans votre jardin le matin même du duel, je suis le gentilhomme qui vous ai dit hier, ce matin encore, que si mon nom était prononcé, je dirais tout ce que je savais."*

Or provoqué, blessé du procédé de d'Equevilley que, dit-il, il avait trouvé *bruyant, attaquant tout le monde,* Mr de Meynard se contient, se tait .... oh! à un silence si étrange si peu rationnel peut-il y avoir d'autre explication que cette alternative: ou l'essai des pistolets, n'a pas eu lieu, ou dans la salle des témoins à Rouen les choses ne se sont point passées comme Mr de Meynard les a dites. Et en effet [1] dix témoins d'une honorabilité parfaite déclarent qu'à l'audience, comme dans la salle des témoins, comme

---

[1] Mr Alexandre Dumas père et fils, Grisier, Roger de Beauvoir, Delaselle etc. etc.

en public la tenue de d'Equevilley n'avait jamais eu rien d'inconvenant et de dominateur.

Ainsi, la présence et la conduite de M.ʳ de Meynard à Rouen restent injustifiées au point de vue de ses devoirs de citoyen, puisque pour les remplir, il ne profite pas même de l'occasion que lui aurait offerte un légitime ressentiment. Son amitié pour Beauvallon l'a retenu! Mais, Messieurs, cette amitié qui dans sa pensée lui fesait une loi de s'abstenir d'une révélation publique, ne lui interdisait-elle pas aussi les confidences privées? Et si avant, comme pendant le procès de Rouen comme depuis, il a multiplié ces confidences de manière à n'en pouvoir compter le nombre, où trouver pour l'oubli de ses devoirs de citoyen, une excuse qui n'avait de légitimité que dans sa fidélité aux sentimens de l'amitié? Que l'essai fut vrai ou faux, ne trouve-t-on pas au bout pour toute explication de ce double jeu, que M.ʳ de Meynard voulait arriver à s'assurer les honneurs de la révélation sans courir les dangers du démenti; à porter plus efficacement des coups, qui seraient déjà irrémédiables lorsqu'ils seraient connus, et qu'on songerait à les parer; et enfin, pour trahir sans paraitre avoir voulu cesser d'être fidèle, à se faire imposer par la voix publique et ensuite par la justice, cette contrainte légale sous laquelle il ne voulait pas (il l'a dit!) compromettre Beauvallon.

Soyez en juges vous-mêmes, Messieurs; quant à M.ʳ de Meynard il a si bien senti que c'était là la conclusion fatale de la position qu'il s'était faite, que devant la justice tous ses efforts ont tendu à la détruire ou à l'affaiblir. Il a insisté sur ces deux points, le premier qu'il n'avait révélé l'essai des pistolets, sous le sceau du secret, qu'après le procès de Rouen, lorsque Beauvallon ne pouvait plus être compromis, et enfin comme il l'a dit *tantôt pour sa propre satisfaction, tantôt pour décharger sa conscience.* Le second, que dans sa conviction cet essai ou plutôt cet exercice n'avait pas été fait pour tuer plus sûrement Dujarrier, et que, si à Rouen l'on avait nettement sommé Beauvallon de s'expliquer là-dessus, celui-ci en serait convenu franchement.

Voilà les paroles de Mr de Meynard, voici ses actes.

Le jour du duel, il fait la confidence de l'essai des pistolets, à sa maitresse qui n'en a pas moins prétendu la tenir de Beauvallon même. Ce jour là encore, il déclare à un homme d'affaires qu'il avait consenti à assister à un essai de pistolets et qu'il avait vu Beauvallon se servir avec une grande précision des armes de son beau-frère.

Un ou deux jours après la rencontre, il va chez un de ses amis, un créole comme lui, il lui parle de cet essai, il entre dans des détails, il avoue avoir chargé plusieurs fois les armes, tracé une raie sur le mur, tiré lui-même deux ou trois coups, et complimenté Beauvallon sur son adresse.

Jusques là on peut croire qu'il y a légèreté, inconséquence, mais voici qu'un plan commence à se dérouler, un rôle à se dessiner.

Le jour de l'enterrement de Dujarrier, il dit *avec un air de tristesse et d'étonnement* à l'agent d'affaires Buffaut, qui en dépose, que les armes avaient été essayées. Ainsi Mr de Meynard se montre étonné et triste de cet essai auquel, dans sa déposition du 13 Août il déclare avoir avec insistance invité lui-même Beauvallon, qui prétendait n'en avoir pas besoin, et dans lequel il revendique deux ou trois coups pour son compte!! Et il ne faudrait pas plus croire à l'inefficacité de ses paroles sur l'esprit des autres, qu'à l'innocence ou à l'ignorance de leur portée dans sa propre pensée. L'agent d'affaires déclare qu'il resta persuadé que toutes les choses dans le duel ne s'étaient point passées d'une manière complétement loyale. Le créole surpris et affligé de cette intempérance de langue, lui en fait sentir tous les inconvéniens, l'invite à user de beaucoup de circonspection et de prudence; et cachant un reproche dans son exemple il l'engage lui à garder le secret. Plus tard à un de ses anciens condisciples, qui en dépose, il dit avoir dû faire *par position* cette confidence à plusieurs personnes. De quelle position voulait-il parler, il ne le dit pas; mais sans y songer il l'explique à merveille dans la même conversation, et c'est lui qui en a déposé aux débats. *J'ai cru, dit-il, devoir confier ce secret à quelques personnes après le duel, comprenant que cet essai était une arme contre Beauvallon.*

Est-ce clair? Et cette intelligence de ce qu'il y avait contre Beauvallon dans la divulgation même clandestine de l'essai des pistolets, ne suffit-elle pas à donner enfin la clef véritable de la présence de M. de Meynard au procès de Rouen, et des espérances cachées dans sa volonté exprimée de ne porter témoignage qu'à son corps défendant?

Et ce qui n'est pas moins clair à l'égard de ceci, c'est que la veille même des plaidoieries, alors que par son témoignage, il savait bien pouvoir donner aux débats une tournure fatale, M. de Meynard révèle à deux personnes l'essai des pistolets; il eut soin, il est vrai, de demander le secret, mais cette confidence avait-elle un sens, un objet, sans l'arrière-pensée que sa recommandation banale aurait le sort qu'elle a presque toujours dans le monde, où l'on ne confie aux indifférens que les secrets qu'on a intérêt à perdre.

Mais ses prévisions furent déçues. Plus sages, ou plus intelligentes, les personnes qui avaient reçu ses confidences avaient pris aux sérieux le secret que lui se plaisait à colporter. L'arme qu'il avait chargée dans tant de mains après le duel ne fit donc pas explosion au procès: et comme il ne pouvait la tirer volontairement sans honte ou sans danger, il ne trouva rien de mieux au grand étonnement de ses confidens de la veille, que de se jeter l'un des premiers dans les bras de Beauvallon, et de complimenter d'enthousiasme en pleine audience sur son acquittement ce jeune homme dont il avait parlé d'un air *d'étonnement et de tristesse*, et dont disait-il quelques jours plus tard, l'audace à nier l'essai des pistolets venait de lui causer une indignation profonde.

N'ayant pu malgré ses efforts, après le duel, se faire imposer l'accomplissement de ses devoirs de citoyen, il semble donc que Mr de Meynard en règle avec sa conscience va se trouver heureux après le procès, de pouvoir se montrer fidèle à ses sentimens d'ami. S'il avait une excuse dans la moralité sociale pour se faire contraindre par ses indiscrétions à compromettre la liberté et l'honneur de Beauvallon, en aurait-il une dans la moralité humaine, s'il ne se taisait pas désormais sur un fait dont la révélation ne pourrait plus compromettre que l'honneur de son ami, sans profit pour la justice?

Mr de Meynard a-t-il résolu cette question? Se l'est-il seulement posée? voici ce qu'il fait. Nature indiscrète ou vindicative, instinct qui l'emporte ou idée qu'il poursuit, il se reprend à son oeuvre de divulgation, avec une tenacité cauteleuse, et un enthousiasme fatidique; et cette fois, averti par l'expérience, il ne s'adresse plus à des hommes graves ayant la connaissance et la pratique des choses du monde et réservés par cela même. Le lendemain du jour de l'acquittement, la main tiède encore des serrements complimenteurs de la veille, l'oeil encore humide de ses félicitations de compatriote et d'ami, il dépose à la hâte sa larve confidentielle dans l'oreille de celui des tenans du parti Dujarrier, dont depuis le procès il a pu le plus facilement apprécier l'humeur expansive, l'esprit brouillon et la parole débordante: à Paris, dans les salons, dans les alcoves, dans les clubs, partout où l'oisiveté tient les oreilles en arrêt, et lès langues en mouvement, il lance ses confidences à poignées, comme le laboureur ses grains dans les champs. Oh! il avait bien choisi son terrain. En moins de quinze jours la semence germa, leva, grandit et fructifia. L'une de ces nombreuses officines plus ou moins clandestines de la correspondance parisienne, qui vivent de la chasse aux nouvelles de la rue et des salons, la lança dans le *Journal de la Somme* d'où selon l'usage, elle revint à Paris où *la Réforme* l'accueillit, et la passa à la *Gazette de France*, qui la repassa à *l'Esprit public;* arrivée là elle avait fait un si miraculeux chemin, que de transformations en transformations elle était devenue une belle et bonne inculpation de faux témoignage, avec annonce de l'arrestation de d'Equevilley.

D'Equevilley, proteste, écrit, à la publicité il répond par la publicité; et à la fable de son arrestation par sa présence dans les bureaux des journaux qui l'annonçaient. Entrant résolument dans la route souterraine que ces rumeurs avaient suivie, de question en question, d'échos en échos, il aboutit enfin à M.ʳ de Meynard. Ceci avait lieu, dans les premiers jours d'Avril 1846: mais placé sous le coup de ces contraintes par corps dont il a fait l'aveu, M.ʳ de Meynard était aussi introuvable qu'invisible, il ne logeait pas dans Paris, il perchait, et changeait souvent de perchoir. D'Equevilley apprend enfin l'adresse de la concubine avec laquelle Meynard vivait, il s'y rend; ne le trouvant pas, il lui laisse quelques lignes pour demander un entretien. Meynard ne répond pas. Mais il prétend avoir dit à son valet de chambre apocryphe: *Si ce Monsieur vient vous lui fermerez la porte.* Le lendemain d'Equevilley, pour être plus sûr de le trouver, se présente à six heures de l'après-midi, à l'heure du dîner, mais M.ʳ de Meynard ne dinait pas ce jour là, à Paris du moins. Apprenant que Meynard avait aussi un logement à Auteuil, d'Equevilley se rend à Auteuil, de minuit à une heure du matin; mais cette nuit là Meynard couchait à Paris rue de la Bruyère. D'Equevilley revient à Paris et avec un ami s'en va à quatre heures du matin frapper à la porte de M.ʳ de Meynard; on hésite à répondre, on parlemente, mais on finit par avouer que M.ʳ de Meynard est au logis, et la concierge se décide à l'aller réveiller et à lui porter la carte de l'ami qui accompagnait d'Equevilley. Pris au gîte M.ʳ de Meynard ne pouvait guère se dérober plus long-temps. Il l'essaya cependant, et servi par les usages du savoir-vivre, il y réussit à demi. Il dit à sa portière: Laissez monter seulement la personne qui m'envoie sa carte. L'heure étant peu propice à une explication, et la visite n'étant faite que pour s'assurer enfin un rendez-vous, il fut convenu entre cet ami et Mr de Meynard qu'on se trouverait au café Foy à une heure: mais dans l'intervalle Mr de Meynard à réfléchi; et il écrit à l'ami intermédiaire: qu'il ne pouvait se rendre au café Foy, mais qu'à trois heures il l'attendait chez lui. J'y serai, ajoutait-il, pour vous seul; et à trois heures l'ami se présenta seul chez Mr de Meynard.

Ces faits si caractéristiques du rôle que jouait Mr de Meynard, c'est Mr de Meynard lui-même qui en a déposé le 13 Août. Cet homme si empressé, si âpre à colporter, en tous lieux, à tout venant à bas bruit une accusation dont la publicité s'empare, se cache quand on le cherche, se dérobe quand on le trouve; et entre tant de personnes qu'il recherche pour raconter l'essai des pistolets, celle dont il s'ingénie à éviter, à éloigner la présence est précisement la seule qui peut lui donner un démenti en face. Et devant la justice, nulle voix n'a fait ressortir ce qu'il y avait de profondément caractéristique pour l'appréciation différentielle des moralités et de la fermeté des consciences, dans cette stratégie si inusitée, où c'est l'accusé qui cherche partout son dénonciateur, où c'est le dénonciateur qui fuit toùjours devant l'accusé! Où quand enfin il se trouve en face de l'accusé ou de son intermédiaire, le dénonciateur ose se déclarer étranger aux bruits répandus, lui qui depuis un an ne cesse de les faire courir; déplore en plein Jockey-club que la personne à laquelle il avait parlé de l'essai des pistolets eut trahi son secret et abusé ainsi de sa confiance, lui qui depuis le duel et surtout depuis le procès avait livré ce secret à plus de vingt personnes, dont la notoire légérété d'esprit et de parole ne pouvait servir que des intérêts d'indiscrétion.

Non, non, Messieurs, la vérité honnête, la vérité vraie, qui a toujours à son service, une parole ferme, une conscience pure n'a pas ces façons d'agir. Si elle a des intérêts personnels, honorables et légitimes à ne point se produire... elle ne se tait ni pour une moitié, ni pour un quart, ni pour quelque portion que ce soit. Elle s'enveloppe impénétrable dans un silence absolu. Si elle a des intérêts de conscience ou de devoirs sociaux à se révéler, elle marche et arrive au grand jour fièrement, bravement, d'un pas ferme et par le droit chemin. La vérité qui avant de dire hautement, me voilà! se traine timidement, cauteleusement dans des ténèbres souterraines où elle s'abaisse, dans des sentiers tortueux où elle hésiste et tâtonne, et qui passe par des milliers de bouches indiscrètes et malicieuses qui la dénaturent, cette vérité-là, Messieurs, est celle qui n'ayant et ne se sentant rien en elle-même pour se faire accepter, se crée et pousse en avant une voix publique qui lui retrocède sa propre autorité, son autorité de *vox populi vox dei*, et dont à son apparition elle sera proclamée l'effet incontestable, alors pourtant qu'elle en est seulement la cause contestée.

Messieurs, depuis la condamnation de d'Equevilley un fait important est survenu qui a tardivement augmenté par des inductions matérielles et mathématiques, le caractère de vérité douteuse que tant d'inductions logiques et morales font peser sur le témoignage accusateur. C'est la descente de justice opérée dans la maison de la rue des Batailles, pour rechercher sur le mur du jardin les empreintes que l'on disait devoir être la preuve matérielle de l'essai des pistolets fait dans la matinée du 11 Mars.

Permettez, Messieurs, qu'on mette sous vos yeux la discussion à laquelle le défenseur de Beauvallon se livra sur ce point devant le jury des assises du mois d'Octobre dernier.

„A quelle heure, dans le système de l'accusation l'essai des pistolets aurait-il eu lieu? ...«

„A 7 heures du matin, le 11 Mars, par un temps de brouillard et de neige. En quel endroit? dans un jardin, sur un mur. Avec quelles circonstances? une raie avait été faite sur le mur pour servir de point de mire; dix coups auraient été tirés, simultanément ou tour-à-tour avec des armes de deux calibres différens, l'un gros, l'autre petit; les coups auraient porté avec une précision telle, que Mr de Meynard en aurait fait compliment à Beauvallon. Voilà les déclarations de Mr de Meynard, soit à l'audience, soit aux divers témoins qui ont été, dans les débats du procès d'Equevilley ou ici, les échos de sa parole.«

„Messieurs, allons à ce mur, à cette raie, à ces dix balles parties d'armes de calibres différens, et ne perdez pas de vue ces quatre circonstances, à savoir: que les pistolets qui ont servi au duel n'ont été portés à Beauvallon que la veille à 10 heures du soir; que ces pistolets sont cannelés; que l'armurier Mr Devismes les a envoyés sans balles; et que ces pistolets sont d'un calibre particulier qui n'admet que des balles fondues exprès.«

„Que remarque-t-on tout d'abord au fond du jardin, sur le mur de gauche, mur de clôture longeant la rue

Sainte-Marie, n'ayant que la hauteur ordinaire de ces sortes de mur, et par conséquent peu favorable, dangereux même pour un tir? On remarque les empreintes de six balles, si maladroitement éparpillées sur une si grande étendue, qu'il faut renoncer et qu'on a renoncé à les attribuer à Beauvallon."

„Sur la partie gauche du mur formant équerre avec le précédent, et faisant, dans toute sa hauteur, le pignon de la maison Catherinet, on trouve les empreintes de quarante balles, moins maladroitement envoyées il est vrai, mais d'un calibre si gros qu'on a renoncé encore à les faire sortir des pistolets du duel."

„Sur le côté droit de ce même mur, mais dans la partie qui en se prolongeant cesse de faire pignon, pour ne prendre que les conditions et la hauteur d'un mur de clôture, comme celui de la rue Sainte-Marie, c'est-à-dire peu favorable et même dangereux pour un tir, à cause de la cour des voisins, on trouve vingt-deux empreintes de balles."

„Sur lequel de ces trois murs, l'essai, — je me trompe, M: de Meynard veut que ce ne soit plus qu'un exercice, — l'exercice donc des pistolets aurait-il été fait?"

„Pour le savoir, la première recherche à laquelle il faut se livrer, est la recherche de la raie qui a servi de point de mire. Cette raie, vous l'avez entendu, aurait été faite avec une pierre; et elle aurait dû l'être dans des conditions telles que, par un temps de brouillard et le jour qu'il fait à sept heures du matin le 11 Mars, elle pût être aperçue de vingt-cinq à trente pas; c'est-à-dire, non plus seulement visible, mais, qu'on me passe le néologisme, tangible à l'oell.

Elle aura donc été largement et profondément creusée pour que le blanc du plâtre fit saillie, fit tache en quelque sorte sur la vétusté d'un mur noirci par le temps. Or, je défie la pluie, la neige, le soleil et toutes les intempéries des saisons de faire disparaître la trace, le vestige, l'indice d'une raie tracée dans ces conditions essentielles. Il y a plus, vous avez entendu le chimiste expert de l'accusation vous déclarer que les intempéries des saisons ont dû nécessairement augmenter l'orifice des trous creusés par les balles ... Or, si cela est, l'accusation ne peut avoir deux poids et deux mesures, elle m'accordera donc qu'au lieu d'être diminuée par les influences climatériques, la profondeur de la raie a dû aussi être augmentée. Cependant, l'expert, Mʳ de Meynard, le conseiller instructeur, Mʳ l'avocat général, moi-même, nous avons tous cherché, en donnant le plus possible à nos yeux la faculté de verres grossissans; et ni l'expert, ni Mʳ de Meynard, ni le conseiller instructeur, ni l'accusation, ni moi, nous n'avons pu trouver non-seulement cette raie, mais même une trace, un vestige qui indiquât que, dans aucun temps, non plus une raie pouvant servir à un tir, mais une raie quelconque eû été tracée sur l'un de ces trois murs.«

„Dites-moi, n'est-ce pas là un fait significatif? un' de ces faits que la Providence tient souvent en réserve, pour le faire tomber tout-à-coup au milieu de la déposition la mieux combinée dans ses circonstances? «

„Mais à défaut de la raie introuvée et introuvable, pour nous conduire, nous allons avoir Mʳ de Meynard lui-même. Suivons donc Mʳ de Meynard, non-seulement quand il va pour la première fois, après le procès d'Equevilley, visiter le jardin en compagnie du propriétaire, muni d'un plan géométral pour l'aider à se reconnaître, mais aussi quand il y va le jour de la descente de justice avec le conseiller instructeur, l'expert et Beauvallon."

"Le 19 Août, en compagnie du propriétaire, il ne se reconnait pas dans le jardin, il hésite et ces hésitations ont tellement frappé le propriétaire, que pour les retracer, celui-ci a, sans le vouloir, employé un de ces mots qui, à eux seuls, sont toute une révélation : — *"Ce fut instinctivement, dit-il, plutôt que guidé par moi, qu'il marcha vers le fond du jardin."*

"L'instinct, Messieurs, n'est pas le souvenir; et dans l'analyse des sensations et des idées humaines on commettrait de graves erreurs si l'on confondait l'un avec l'autre. Aller *instinctivement* vers un lieu, c'est se servir de toutes les circonstances matérielles environnantes qui, par la perception des sens, peuvent faire naître la pensée que dans ce lieu seul a pu se passer l'événement qu'on recherche. C'est ainsi que, voyant à droite et à gauche, deux murs de clôture longeant, l'un une rue, l'autre une propriété voisine, M. de Meynard s'est dit : *"Il est impossible que je fasse croire à l'histoire d'un essai de pistolets sur de pareils murs;"* et il a dû aller à la partie du fond, où dès l'entrée du jardin on aperçoit, bien par-dessus les arbustes, le mur pignon de la maison Catherinet. Là en effet sont les empreintes de quarante balles. Donc, M. de Meynard n'en cherche pas davantage; il s'en rapporte à son *instinct.* Si, au contraire, il avait été en position d'avoir un *souvenir,* à la vue de ces quarante balles do si gros calibre, ce souvenir lui aurait dit : *"Ce n'est pas là que le tir du* 11

Mars a eu lieu, dans les conditions que j'ai révélées à la justice;" et il aurait cherché ailleurs."

„Aussi, que fait-il, le 6 Septembre, en présence de M. le conseiller instructeur, de l'expert et de l'accusé? ... il hésite encore, comme s'il n'avait pas visité les lieux le 19 Août ..... Enfin, sur l'insistance du conseiller instructeur et de l'accusé, il indique positivement le côté gauche du mur pignon de la maison Catherinet comme étant celui sur lequel les pistolets avaient été tirés. L'expert compte les balles ... on en trouve quarante! — Quarante? M. de Meynard, vous n'en avez accusé que dix. Ces quarante sont du calibre de pistolets d'arçon, et, selon vous, deux balles seulement de ce calibre ont été tirées. Les huit autres l'ont été par les pistolets de tir. Ces huit balles, M. de Meynard, où donc sont-elles? .... Elles n'existent pas."

„Le mur pignon de la maison Catherinet, ce mur *instinctivement* indiqué par vous repousse donc matériellement l'essai du 11 Mars."

„Cette objection si facile, si logique, si concluante, elle était dans les yeux de tous les témoins de cette scène. M. de Meynard le comprend, et à deux mètres de lui, il avise les empreintes d'autres balles sur le mur de clôture qui longe la rue Sainte-Marie."

„Ici encore, dans tous les yeux, objection nouvelle. Sur ce mur, il n'existe que les empreintes de six balles. — Six balles? M. de Meynard vous en accusez dix. Elles semblent appartenir, il est vrai, au calibre de pistolets de tir; mais, d'après vous, il en faudrait huit. Ces six balles du moins sont-elles placées dans les conditions de précision qui vous ont fait complimenter Beauvallon sur son habileté? Non;

elles sont dispersées de telle sorte que, sur mon honneur! le plus petit enfant ne voudrait pas les avoir tirées."

„Enfin si l'essai a été fait sur ce mur-là, il y faudrait aussi les empreintes des deux balles tirées par les pistolets d'arçon: .. On cherche ... ces empreintes n'existent pas!"

„M᷾ de Meynard comprend encore la simplicité logique de cette objection ..."

„Alors il se retourne de nouveau vers le mur pignon et il le suit jusqu'à l'angle où n'étant plus qu'une clôture, ce mur se réunit à celui qui clot la partie droite du jardin. Ici on trouve, non dix balles, mais vingt-deux. — Vingt-deux? grave objection! vingt-deux qu'on peut encore attribuer à des pistolets de tir; mais, autre objection! on ne trouve pas les empreintes des deux balles que M᷾ de Meynard dit avoir été tirées avec les pistolets de gros calibre."

„Jusqu'ici, on le voit, la descente de la justice dans le jardin de la rue des Batailles tourne contre l'accusation au profit de la défense, contre la déposition de M᷾ de Meynard en faveur des déclarations de Beauvallon."

„Enfin intervient le rapport de l'expert. L'expert, lui, ne s'inquiète en rien des objections qui ressortent du témoignage des yeux et que nous venons de vous présenter. Il ne s'inquiète ni des hésitations de M᷾ de Meynard, ni de son affirmation sur l'indication précise du mur où l'essai aurait été fait. Il a trouvé sur le mur pignon 40 balles; il mesure leurs empreintes, et il déclare qu'elles appartiennent à des pistolets d'arçon. Sur les deux autres murs il a trouvé à gauche six empreintes, à droite vingt-deux, trente-deux en tout; il les mesure, il les compare avec les pistolets du duel. Mais leur orifice ne se rapporte pas exactement avec l'orifice des pistolets, l'orifice de celles-là est plus grand que l'orifice de ceux-ci; à cela ne tienne! Il se livre à un calcul de défalcations par conjecture, qui peut être fort patient, fort scientifique, fort habile, mais qui certainement est fort étrange, pour ne pas dire plus, et je le déclare comme homme encore plus que comme défenseur, très peu concluant, en justice surtout. Mr Boutigny, à l'endroit de son expertise, a fait de la science un véritable lit de Procuste. Rien ne le gêne pour y étendre ces empreintes, et les faire sortir bon gré mal gré des pistolets qu'il a en mains. Ces empreintes, je les ai vues; elles sont toutes d'une perfection merveilleuse dans leur sphéricité; ... n'importe! Mr Boutigny n'en défalque pas moins quelques millimètres pour la part de plâtre que les balles ont dû faire tomber quand on les a retirées du mur. Puis viennent, pour une autre part, la pluie, la neige, le vent, le soleil, que sais-je encore? qui ont dû les agrandir de quelques millimètres. Les pistolets étaient cannelés, les balles ont dû sortir cannelées, les trous qu'elles ont faits dans le mur ont dû garder la trace de ces cannelures, cette trace n'existe pas ... n'importe! A force d'ajouter et de retrancher, de millimètres ôtés en millimètres remis, Mr Boutigny, gravement, sans rire, arrive à cette conclusion qu'il affirme sous serment: *„Les trente-deux balles sont du calibre des pistolets qui ont servi au duel ..."* En vérité, il est puéril de s'arrêter à une pareille expertise ... Il n'est pas d'empreinte de boulet de canon que, par un pareil procédé, on ne puisse au bout de dix ans attribuer à un pistolet de poche. Et voilà les calculs de la science que l'accusation nous oppose! ... Des probabilités scientifiques ... j'allais dire ridicules! quand pour asseoir vos jugemens, ce n'est pas assez de toute la certitude d'un fait matériel, d'un fait brutal, placé en dehors de toute équivoque, de toute discussion."

„Mais, si la comparaison des empreintes des balles avec le calibre des pistolets laisse leur essai à l'état de problème, voici qui, selon l'accusation, ferait de cet essai une certitude. Ce sont les vingt-deux balles qui existent sur la partie droite du mur-pignon; car sur ces vingt-deux balles, il en est dix qui seraient groupées dans les conditions du compliment adressé à Beauvallon par M⸱ de Meynard."

„Ici apparaît toute l'insuffisance de l'expertise. Le soin de rechercher si les balles avaient été tirées par les pistolets du duel était d'une importance secondaire, et ne pouvait conduire qu'à une présomption incertaine. Les pistolets du duel, en effet, n'ont pas été fabriqués pour leur seul propriétaire; il ne sont pas sans similaires dans le commerce. On ne pouvait donc pas en conclure invinciblement qu'avant comme après le duel, des armes d'un pareil calibre n'eussent pas été tirées, et n'eussent pu produire des empreintes semblables. Mais ce qui était d'une importance concluante dans l'affaire, c'était de s'assurer si ces vingt-deux balles se trouvaient dans les conditions de l'habileté attribuée à un homme qui, disait-on, cassait des oeufs. Or, c'est là la recherche à laquelle l'expert n'a eu garde de se livrer. Son rapport se tait complétement sur ce point. Il se tait aussi sur cette circonstance que, dans ce nombre de vingt-deux balles, il n'y a pas les empreintes des deux coups tirés, selon M⸱ de Meynard, par les pistolets d'arçon."

„Mais ce que l'expert n'a fait en aucune façon pour la

généralité des empreintes, l'a-t-il fait d'une manière complète, décisive pour le prétendu groupe des dix balles trouvées, dit-il, à une hauteur de 1 mètre 86 centimètres *environ?* ... Pas davantage! Il se borne à dire qu'elles sont placées dans un diamètre de 13 centimètres *environ* les unes des autres, sans constater l'étendue de la circonférence formée par ces dix fois 13 centimètres .... De sorte, qu'il reste acquis à la défense que ces dix balles ont été envoyées dans une circonférence de plus d'un mètre. Un mètre! c'est-à-dire 3 pieds .... Et on regarderait comme un tireur habile, comme un tireur de précision parfaite, un homme qui a logé dix balles dans une circonférence de 3 pieds, c'est-à-dire de six fois au moins la grosseur d'une tête d'homme! C'est là ce qu'on appelle un groupe de balles! .... Et on oublie que, dans les conditions d'habileté faites à Beauvallon, dans les conditions de la précision sur laquelle M. de Meynard l'a félicité, dans les conditions même de la linguistique, ce groupe devrait qui valoir à dix balles logées côte à côte, presque les unes sur les autres, et, pour tout dire, dans un même trou. En dehors de cela, Beauvallon n'est plus qu'un tireur *comme tout le monde*, pour me servir d'expressions consacrées au procès. Beauvallon ne méritait pas plus les éloges de M. de Meynard, que Dujarrier n'avait mérité ceux de MM. Alexandre Dumas et Arthur Bertrand, lorsqu'au tir Pirmet, essayant les pistolets du premier, il n'avait logé que six balles sur douze dans le bonhomme en fonte."

„Toutefois, malgré ces objections logiques, matérielles en quelque sorte, si ce mur ne présentait que le groupe des dix balles, même dans ces conditions si peu pertinentes, eh bien! je courberais la tête. Oui, ma raison serait confondue, bien que mes convictions ne fussent point ébranlées, et je m'inclinerais en gémissant devant la fatalité d'un fait pareil. Mais il n'y a pas que ces dix balles; il y en a douze encore sur ce mur: il y en a six encore sur le mur à gauche, en tout trente-deux. En logique judiciaire, M^r l'avocat général vous ne pouvez couper cette circonstance en deux parts, pour ne prendre que celle qui vous convient. Les trente-deux balles appartiennent à la défense; il les lui faut; vous ne pouvez pas les lui retirer! et la défense vous dit: — Si ces dix balles ont été tirées par les pistolets du duel, les trente-deux l'ont été aussi; si les trente-deux n'ont pas été tirées, les dix ne l'ont pas été non plus; or, les trente-deux ne l'ont pas été, n'ont pas pu l'être.

„Matériellement, il est impossible, en une heure de temps, de tirer trente-deux coups, c'est-à-dire un coup par deux minutes, avec des armes à percussion, à balles forcée, qui exigent un mesurage exact de poudre, des coups de maillet pour enfoncer les balles, et un certain soin pour placer les capsules. Joignez à ce temps celui qu'il faut raisonnablement prendre pour ajuster, tirer et inspecter sur le mur la position de chaque balle envoyée; ... que sais-je encore? Le contraire n'aurait lieu que dans les conditions d'un tir en ligne, avec des cartouches, c'est-à-dire dans les conditions presque de la charge en douze temps ou à volonté.„

„Mais il y a plus; Mr de Meynard vous a dit qu'il n'avait été tiré que dix coups et il en donne pour raison le défaut de temps et de balles. Trente-deux coups n'ont donc pas été tirés; ils sont sur le mur, cependant! Vous ne pouvez donc pas vous sortir de cette difficulté, rendue plus inextricable encore par la déclaration de M. Devismes qui vous affirme qu'en envoyant à Beauvallon les pistolets du duel, il n'avait pas envoyé de balles; et je le répète, pour ces pistolets on ne pouvait se servir que de balles fondues exprès. M. Devismes n'a pas envoyé de balles, les pistolets n'appartenaient pas à Beauvallon, et voilà que Beauvallon se serait trouvé tout-à-coup avoir en sa possession non plus dix balles seulement, mais trente-deux *fondues exprès* ... Il aurait eu trente-deux balles, et dans sa monomanie de tir, où il se montre si inhabile, il ne songe pas à en mettre quatre au moins en réserve, pour le duel qui va avoir lieu dans quelques heures? Il se réduit ainsi étourdiment à la nécessité de faire la chose la plus désagréable dans les rencontres, c'est-à-dire de s'en aller chez un armurier faire l'aveu du duel où il marche, en le priant de lui fondre quatre balles? Non, non! ... il n'a pas tiré trente-deux coups ... il n'a pas tiré dix coups! ... non les pistolets n'ont pas été essayés."

„C'est après ces preuves mathématiques en quelque sorte, que l'on reconnait combien il y a de sincérité dans les dépositions des témoins qui, habitans de la maison de la rue des Batailles, sont venus déclarer qu'ils n'avaient pas entendu de coups de pistolet dans la matinée du 11 Mars. Trente-deux coups, dix coups même n'auraient pu passer inentendus ... ils auraient fait événement! .. Le seul témoin qui paraisse en contradiction sur ce point, M. Mary, fait lui-même une déclaration qui corrobore le système de la défense. Selon nous, les pistolets ont été flambés à la fenêtre de M. d'Equevilley; or, ce flambage représente deux coups de feu. Que dit M. Mary? il dit que dans la maison on était allé jusqu'à penser que le duel avait eu lieu dans le jardin. Cela n'équivaut-il pas à dire: *„Un duel se fait par l'échange de deux coups de pistolet; ces deux coups, nous les avons entendus."* Donc, Messieurs, voilà bien les deux coups du flambage! ... A qui la pensée d'un duel dans le jardin serait-elle venue, au contraire, si on avait tiré le nombre de coups qui ont logé trente-deux balles sur les murs? ... Un duel, où dix coups de feu seraient échangés; eh! non plus dix, mais trente-deux, ce n'est pas un duel, ce serait un nouveau combat des trente, une bataille rangée! Et on n'en aurait rien su, non-seulement dans la maison, mais dans Chaillot tout entier? ... Ah! c'est qu'ils n'ont pas été tirés! "

Il faut bien le dire, Messieurs, contre cette argumentation si fondée en logique, il s'élève aujourd'hui une objection d'autant plus spécieuse qu'elle est plus simple: cette discussion, qui a fait défaut à d'Equevilley n'a pas manqué à Beauvallon et Beauvallon n'en a pas été moins condamné. En quoi donc pourrait-elle servir davantage à d'Equevilley? Cela semble vrai. Mais la réponse à cette objection, se trouve précisément dans l'objection elle-même et dans le droit qu'on a de la faire.

Il y a là, en effet, une preuve de plus de la fatalité qui a été attachée à cette cause, par la disjonction des débats et des personnes quand il y avait connexité dans les faits, et dont certainement les déplorables résultats n'échapperont pas plus à vos consciences, Messieurs, qu'ils n'ont échappé à la conscience publique. C'est un argument de plus contre la légalité morale du coup d'escrime judiciaire, qui en vertu de l'art. 330 a consisté à faire agir et réagir tour-à-tour sur deux accusés, l'arrestation de l'un et la condamnation de l'autre.   Messieurs, il ne faut avoir ni long-tems réfléchi, ni consulté beaucoup l'expérience sur la manière dont les présomptions et même les convictions humaines s'enchaînent à des présomptions et à des convictions précédemment exprimées, pour savoir que dans deux causes où la dissemblance porte seulement sur l'identité des noms et des individus, il est difficile pour ne pas dire impossible que le premier jugement ne serve pas de pont au second.   La raison en est, Messieurs, que dans les grandes comme dans les petites affaires du monde, en sociabilité comme en politique, en religion comme en morale, pour les faits de la vie publique comme pour les faits de la vie privée, les générations et les époques, et moins que cela les hommes d'une même génération, les années et les jours d'une même époque se trouvent placés sous l'empire d'une idée dominante, erreur ou vérité n'importe! tant qu'elle dure, tant qu'elle fait sentir son action jusqu'à l'extrémité de la circonférence qu'elle s'est acquise, n'espérez pas que l'erreur deviendra vérité ou la vérité mensonge.   La logique, la raison, la conscience, le fait, contre elle rien ne prévaut ..... Galilée a beau dire au fond de sa prison : et pourtant la terre tourne ! l'idée dominante de son temps lui répond non, c'est le soleil, et la terre ne rentre dans l'orthodoxie de sa rotation que lorsque l'idée contraire meurt sous les coups de la raison et du ridicule. Et quel temps ne faut-il par aussi en matière de jurisprudence, malgré des protestations quotidiennes, et des lumières toujours nouvelles pour que, après avoir été proclamée vérité par une infinie multitude d'arrêts, une interprétation fausse d'article de loi soit enfin déclarée une erreur!! Jugez donc, Messieurs, ce qu'il a dû en être pour deux causes identiquement les mêmes par les faits, par les témoignages, et soumises à six semaines tout au plus l'une de l'autre, à deux jurys, pris dans une même agrégation de citoyens, placés bon gré, malgré, leur esprit, leur conscience, leur personne sous la même idée, sous la même influence, et jusque sous les impressions perçues dans leur famille, dans leurs relations, arrivant avec des idées préconçues, avec des convictions presque toutes faites dans une salle toute murmurante encore des véhémentes apostrophes du président d'assises, des passions éhontées qui se firent jour par d'indignes applaudissements, et de ces paroles dont on venait demander une répétition: *oui l'accusé est coupable!*

Ah! Messieurs, ce n'est point de ce que la discussion sur les empreintes des balles n'a point amené l'acquittement de Beauvallon qu'il faut s'étonner; c'est que malgré les passions entretenues dans la publicité et qui se produisirent encore aux débats, malgré tant de préjugés, de convictions préexistantes, cette discussion ait produit sur le public de l'audience, un effet tel, que, venu là pour applaudir à l'accusation, il a applaudi à la défense, que venu là pour faire cortège de ses symphaties au témoignage révélateur, il a fait autour de lui un vide significatif, que venu là convaincu d'avance, il est sorti plein de doutes, et on peut le dire de troubles et de tristesse devant la condamnation de Beauvallon. Ah! ce n'est point de ce que, malgré la discussion sur les empreintes des balles, le verdict du jury de Beauvallon n'ait pas été autre que le verdict du jury de d'Equevilley qu'il faut faire une objection; c'est au contraire de ce que malgré le précédent, le préjugé obligatoire en quelque sorte de la condamnation de celui-ci, le verdict contre celui-là n'ait pas été plus sévère et que la peine prononcée l'ait été moins. Non, non, Messieurs, il n'est plus possible d'avancer que la discussion sur les empreintes des balles a été sans résultats sur les convictions du jury de Beauvallon. Elle les a modifiées profondément, elle a jeté dans leur esprit, dans leur conscience des incertitudes, que le public tout entier de l'audience s'attendait à voir traduire, et qui se seraient peut-être traduites en un acquittement, sans ce terrible dilemme extra-judiciaire posé par le président des assises: *vous aurez à décider quel est le faux témoin de Beauvallon ou de Meynard ..... * Et qui sur l'audience, immédiatement après le verdict se sont formulées du moins en cette recommandation à la clémence du souverain qui par sa spontanéité et son unanimité a le caractère d'un recours en grâce pleine et entière.

Appelée ainsi à intervenir dans un verdict par ceux là même qui l'ont rendu comme pour en terminer elle même les incertitudes, votre justice souveraine daignera étendre à d'Equevilley les bénéfices résultés plus tard d'une discussion dont sa défense avait été privée.

N'est-il pas équitable et moral, Messieurs, qu'entre ces deux malheureux jeunes gens il y ait réversibilité des moyens de réhabilitation et de salut devant vous, puisque devant la justice il y a eu reversibilité des élémens de culpabilité et de condamnation.

A ces considérations sur les circonstances faites pour frapper votre raison et votre justice, permettez, Messieurs, qu'on ajoute en faveur de d'Equevilley les circonstances suivantes acquises aux débats de Rouen, comme aux débats d'Août et d'Octobre devant les assises de la Seine.

Dans les faits qui ont préparé et accompli le duel du 11 Mars, d'Equevilley apporta l'esprit de modération et de conciliation dont il avait fait preuve en Espagne et à Paris quelques jours auparavant dans une occasion dont il fut parlé à Rouen.

Il insista durant trois jours pour obtenir cette simple déclaration: Mʳ Dujarrier n'a pas eu l'intention d'offenser Mʳ Beauvallon. S'il l'eut obtenue le duel n'aurait pas eu lieu.

Il insista vivement pour que l'épée fut choisie, persuadé comme l'ont été des témoins honorables que la vie de Dujarrier serait épargnée.

Il insista non moins vivement pour que ses pistolets d'arçon qu'il avait apportés fussent acceptés comme moins dangereux.

Sur le terrain, au risque de faire rejaillir sur son champion une offre qui était toute dans son initiative, il proposa de mettre quadruple charge dans les pistolets pour déconcerter toutes les chances de l'habilité de la main et de la précision des armes.

Ces quatre circonstances, Messieurs, ne sont-elles pas plus que suffisantes pour répondre victorieusement à toute imputation de faits concertés entre d'Equevilley et Beauvallon pour arriver à rendre inévitable et mortelle pour Dujarrier cette rencontre du 11 Mars, où, il faut le dire, apparait une empreinte si marquée de fatalité divine, que, pour ne pas la reconnaître, les passions dans leur orgueil ont mieux aimé s'en prendre aux hommes.

Ne trouverez vous pas, Messieurs, une présomption de la certitude d'une bonne conscience dans ce fait d'un jeune homme qui, par sa résidence et son service à l'étranger, mis à l'abri de toutes poursuites, quitte cette retraite, où il est aimé, honoré, protégé, pour venir volontairement se constituer prisonnier et se mettre face-à-face avec ses accusateurs ?

Dans ces nombreuses et honorables amitiés dont les témoignages continuent à venir de France et d'Espagne et qui visitaient d'Equevilley jusque dans sa prison; dans des protestations d'innocence, qui ne peuvent plus avoir d'espérance, puisqu'elles n'ont plus pour cause les nécessités et les hypocrisies de la défense, et qui cependant survivent entières, hautes et inébranlables à une condamnation qui les rend désormais inutiles, ne trouverez vous pas aussi, Messieurs, de puissantes raisons pour croire qu'en fesant grâce vous pouvez encore faire justice.

Hélas! Messieurs, ce n'est pas d'Equevilley seul qui par sa condamnation a été frappé dans sa jeunesse, dans son honneur, dans son avenir qu'il lui était permis de voir si brillant au bout de sa carrière militaire. Ce n'est pas d'Equevilley seul qui s'adresse à la fois à votre justice et à votre clémence, c'est avec lui un tout petit enfant qui aurait à trainer dans ses jeux et plus tard dans sa vie occupée les souvenirs de cette condamnation qui déjà l'a rendu orphelin en coutant la vie à sa jeune et digne mère .... C'est le chef affligé de cette famille, vieillard à cheveux blancs, qui touche au terme d'une vie honorable, laborieuse, bien remplie, pour qui l'axiôme *Noblesse oblige,* a toujours été une règle de conduite, et qui vous demande,

Messieurs, à ne pas mourir avant d'avoir vu essuyée la tache faite à son nom. Ce vieillard, sollicite aujourd'hui de vous, Messieurs, ce qu'aux jours de la réaction de 1815 il sollicita et obtint lui-même par son crédit du roi de France pour le général Gruyer condamné à mort. Messieurs, rendez à ce vieillard son enfant victime de la réaction judiciaire contre le duel, et vous lui payerez ainsi la rançon d'un brave général sauvé par lui d'une réaction politique contre l'empire.

En conséquence, Messieurs, des faits et des considérations qui viennent de vous être exposés, Denis Victor Vincent d'Equevilley propriétaire demeurant au château du Grand-bois près Jussey (Haute-Saône), a l'honneur de solliciter de votre justice la révision du procès de son fils, ou l'annullation de l'arrêt qui en a été la suite.

PIÈCES JUSTIFICATIVES.

AVERTISSEMENT.

Les pièces que M.^r d'Equevilley a pu réunir dans son exil, et qu'il a l'honneur de produire devant l'assemblée nationale, forment l'historique par preuves authentiques de tout ce qui a été dit dans le mémoire qui précède.

La première partie renferme les pièces relatives à la famille d'Equevilley, — Généalogie — Contrats de mariages — Extraits de naissances — Extraits mortuaires — Etats de services des membres de cette famille.

La seconde partie contient, par documens authentiques, la vie de M.^r d'Equevilley, depuis son entrée au collège, jusqu'à son malheureux procès; — ses états de service, — ses brevets — les nombreux certificats des généraux sous lesquels il a servi et de ses anciens compagnons d'armes, — plusieurs lettres de généraux français et espagnols, et d'autres illustrations des deux pays.

La troisième partie, enfin, traite de tous les documens ayant rapport au procès. — *La plainte en faux témoignage contre le sieur COTTENET*, ancien notaire, et maire du 1er arrondissement de la ville de Paris, sous le dernier règne. — Les pièces à l'appui de cette plainte. — Les lettres publiées dans les journaux à la suite du procès de Rouen. — Enfin, comme ou vient de le dire plus haut, la preuve par documens authentiques de tout ce qui a été dit dans le mémoire pétitionnaire qui précède.

Toutes les pièces sont déposées chez M^r le Docteur Hoffmann, notaire de la ville libre de Francfort °/M. qui les tiendra à la disposition des personnes qui en voudraient prendre connaissance.

PREMIÈRE PARTIE.

PIÈCES RELATIVES À LA FAMILLE D'EQUEVILLEY.

GÉNÉALOGIE

de

Toussaint Victor Vincent d'Equevilley,

né à Marnay (Haute-Saône) le 1er Novembre 1815,

Capitaine de Cavalerie au Service d'Espagne, Chevalier de St Ferdinand de 1ère Classe, décoré d'autres Croix pour actions de guerre.

Noël Vincent Seigneur de Montjustin en Franche-Comté, Capitaine d'une Compagnie d'Ordonnance au service d'Espagne; annobli par le Roi Philippe second, pour services militaires rendus. *Marié à Elisabeth d'Otheum.*

Pierre Vincent Seigneur de Montjustin, successeur, Capitaine au Régiment de Bourgogne Cavalerie d'Espagne, puis premier Gentilhomme de la Chambre de S. A. R. Charles IV., Duc de Lorraine, qui lui accorde lettres-patentes du 12 Juin 1627. *Marié avec Marguerite Leclerc.*

François Vincent Comte de Montjustin, la Seigneurie ayant été érigée en Comté en l'an 1658 par lettres-patentes du Roi Philippe IV. parvenu au grade de Lieutenant-Général au service d'Espagne. *Marié à Catherine Petitot de Clinchampt.*

Antoine Vincent Comte de Montjustin, Capitaine au service [du] Roi de France, tué à l'affaire de Luzara en Irlande.

2º **Jean François Vincent de Montjustin,** Capitaine au service du Roi de France, tué à l'affaire de Luzara en Irlande.

Mathieu Cordiant Vincent de Montjustin, 1er Seigneur d'Equevilley, après la conquête: d'abord Aide Major au Régiment d'Herbeville Imple puis après la conquête de la Franche-Comté, Capitaine au Régiment de Conat Cavalerie Allemande au service de France; successivement dans Royal Allemande et enfin Capitaine dans le Régiment de Bourbon Cavalerie en 1690, d'où il s'est retiré avec la commission de Lieutenant-Colonel. Chevalier de St. Louis du 1er Janvier 1705. *Marié à Gabrielle de Cordemoy dame d'Equevilley.*

[Ch]arles Victor Amédé Vincent Seigneur d'Equevilley, d'abord Capitaine au [Ré]giment de Laffont Infanterie, puis dans celui de Saillant, duquel ayant été [ré]formé, il s'attacha au service du Prince de Lorraine, puis à celui du Roi de [Po]logne à Lunéville en qualité d'exempt de ses Gardes du Corps; chevalier de [St.] Louis. *Marié en premières noces à Marguerite Charlotte de Morgue de Boutteville et en secondes noces à Maximilienne Dupuy de Lavoncourt.*

Claude François Vincent d'Equevilley.

Charles Vincent d'Equevilley, Capitaine dans le Régiment de Mareuil Infanterie, Chevalier de St. Louis.

Charles François Vincent Comte et Seigneur de Citey, Capitaine de Cavalerie, Chevalier de St. Louis, tué à la Bataille de Fontenoy.

[Gu]illaume Gabriel Vincent Seigneur d'Equevilley [de] Boutteville, d'abord Garde du Corps du Roi de [Po]logne, puis Capitaine des Grenadiers Royaux soissonnais, Chevalier de St. Louis du 30 Octobre 1744.

Mathieu Denis Vincent d'Equevilley, d'abord Garde du Corps du Roi de Pologne, enfin Capitaine de Grenadiers Royaux du Comté de Bourgogne, Chevalier de St. Louis du 9 Juin 1772. *Marié à Marie Louise Charlotte de Huvé.*

Charles Gabriel Vincent Chevalier d'Equevilley, d'abord volontaire dans Chamboran Hussard Cavalerie Hongroise au service de France; puis Lieutenant dans Royal Lorraine, enfin Capitaine au train d'Artillerie, fils unique de Maximilienne Dupuy de Lavoncourt. *Marié à Jeanne Françoise de Briaucourt.*

[J]ules César Suzanne d'Equevilley [b]aron d'Equevilley, Chevalier de [St.] Louis, officier de la Légion d'honneur, maréchal de Camp des Armées [du] Roi; mort à Montpelier le 1 Novembre 182[ ].

Charles Mathieu Vincent d'Equevilley.

Florent Denis Claude Louis Vincent d'Equevilley, d'abord engagé volontaire dans l'Artillerie à pied 8me Régiment, réformé comme Lieutenant de Cavalerie le 29 Mars 1838, Chevalier de St. Louis du 20 Août 1823.

Jean Baptiste Vincent d'Equevilley.

Denis Victor Vincent Chevalier d'Equevilley, Gentilhomme garde d'honneur de S. A. R. Monsieur depuis Charles X. *Marié à Françoise Joséphine Lambert de Vauconcourt,* a pour fils unique Toussaint Victor.

Charles Constant Vincent d'Equevilley.

Toussaint Victor Vincent d'Equevilley né à Marnay le 1 Novembre 1815, Capitaine de Cavalerie au service d'Espagne, Chevalier de St. Ferdinand de 1re Classe du 16 Juillet 1835 et du 2 Décembre 1838, décoré d'autres Croix pour actions de guerre.

Equevilley. Traité de Mariage entre Jacques Emanuel Dupuy Seigneur de Lavoncourt, et Dame Anne de la Valette Baronne de Gelnoncourt du 17 Janvier 1718. Garnier Notaire.

Cejourd'huy [1] dixsept Janvier mil sept cent dixhuit a Remiremont environ les cinq heures du soir,

Pardevant le tabellion général en Lorraine résidant à Remiremont soussigné présent les témoins en bas nommés, sont comparus en personne Messire Jacque Emanuel Dupuy Chevallier Seigneur de Lavoncourt et autres lieux du Comté de Bourgogne, fils de deffunt Messire Claude Dupuy Seigneur du mont St. Liéger et autres lieux, Commissaire général pour le service de Sa Majesté très Chrétienne au dit Comté de Bourgogne, et de Dame Anne Georgine Logre Dame dudit lieu de Lavoncourt et mont St. Léger, en vertu de sa procuration du quatorze du présent mois signé Garnier nottaire Royal qui demeurera jointe aux présentes d'une part; et la Dame Anne de la Valette Baronne de Gelnoncourt Douairière de Darrieule veuve de deffunt Messire Henry de Gelnoncourt Baron et Seigneur dudit lieu son premier mari d'autre part, les quelles parties ainsi comparantes pour parvenir au traité de mariage futur et espéré

---

[1] L'orthographe de cet acte est textuellement copiée sur l'acte authentique.

entr'elles du consentement de leurs parens et amis cy après nommés, savoir de la part dudit Sieur Chevallier de Lavoncourt de Messire Pierre François Dupuy Seigneur du mont St. Liéger et autres lieux, du Sieur Jean François Dupuy de la compagnie de Lorratoire des frères, de la part de la dame Anne de la Valette, du Sieur Louis Renaud chevallier de l'ordre militaire de St. Louis Lieutenant de Carabiniers pour le service de Sa Majesté son beaufrère; Dessieurs Charles de la Marre Lieutenant Colonel pour le service de Sa Majesté impérialle au régiment de Ste Croix Capitaine prévost d'arches son allié à cause de la Dame son Epouse, Jean Rondel avocat à la cour ancien substitut d'arches son parrain, François Andren prêtre curé de Remiremont maitre de l'hôpital dudit lieu, Antoine Blaise prêtre chanoine en L'insigne Eglise St. Pierre de Remiremont, Ecolatre et Lieutenant de St. Pierre dudit lieu, et de Charles Thouvenot aussy prêtre chanoine en la même Eglise bon amis et du Sieur François Philippe François de Boisramé Écuyer Secretaire de S. A. R. Madame Beatrix de Lorraine princesse de Lissebonne Dame et abbesse dudit Remiremont.

Ont reconnus et confessés volontairement avoir traité, et accordé les conventions de mariage qui suivent Seavoir que les dits Sieur de Lavoncourt et Dame de la Valette ont promis de se prendre en mariage et de le faire célebrer en face de Notre Mère la Sainte Eglise le plus tôt que faire se pourra dans la forme ordinaire et accoutumée etc., *(suivent les stipulations du contrat.)*

Fait et passé audit Remiremont les an et jour avantdits en présence de Claude Morel Clerc à Remiremont, et François

Gortraye M⁏ menuisier bourgeois de Remiremont, témoins requis connus et soussignés avec les parties lecture faite signés à la notte Le Chevallier de Lavoncourt, Anne Valette Baronne de Gelnoncourt de Mont St. Léger par honneur au présent contract, Dupuy de Loratoire, Françoise Heuvel, Renaud, de la Marre, F. Andren, A. Maire, C. Thouvenot, Boirramé, C. Morel, J. Gorhaye, et E. Folyot nottaire;

Est joint audit contract de mariage l'acte qui suit.

L'an mil sept cent dix huit le quatorzième jour du mois de Janvier après midi pardevant Etienne Garnier nottaire Royal résidant à Fleurey province de Franche-comté et en présence des témoins en bas nommés, s'est présenté en sa personne Dame Anne Georgine Logre Dame de Lavoncourt et de mont St. Léger V⁏ de feu le Sieur Claude Dupuy à son vivant Seigneur des dits Lieux, laquelle a créé constituée nommée et établis son procureur général spéciale et irrévocable, la personne du Sieur Jacques Dupuy chevallier Seigneur de Lavoncourt son fils, auquel elle a donné plain pouvoir puissance et authorité de pour et en son nom consentir au marriage d'entre le dit Seigneur Chevallier de Lavoncourt son fils et Dame Madame Anne de la Valette Barronne de Gelnoncourt Duché de Lorraine, et de consentir au nom de la ditte Dame constituante au contract de marriage d'entre les dittes parties suivant. Les articles qui ont été signées de la part de la ditte Dame constituante et des dittes parties tous ainsy et comme si la ditte Dame était présente à la passation du dit contract tout ce qui sera fait par sondit procureur, etc.,

Fait et passé au château dudit mont St. Léger en présence de Laurent Brifaut, et de Charles Hagerey dont deux

7

résidant audit mont St. Léger témoins requit et soussignés avec laditte Dame constituante, ainsi signés Anne Logre Douairière de Mont St. Léger, Laurent Brifaut, Ch. Hagerey et Garnier nottaire avec paraffe Con¹ au Bureau de Fleurey le quatorze Janvier mil sept cent dixhuit.

Signé GARNIER.

Douze sols.

Pour copie collationée sur la minutte dudit traité de Marriage et sur l'original de laditte procuration signé Garnier nottaire, par moi François Richard nottaire royal résidant à Remiremont soussigné dépositaire du dit contrat de marriage et de la ditte procuration en qualité de plus ancien nottaire à la résidence de Remiremont et ce à la réquisition du Sieur d'Equevilley de Fontenoy, à Remiremont le seize Janvier mil sept cent soixante et dix neuf.

RICHARD.

Collationé à Remiremont le seize Février 1779.

Reçu neuf sols six deniers.

Traité de marriage pour le Sieur Victor Charles Vincent escuyer Seigneur d'Equevilley demeurant presentement à Fontenoy et la Demoiselle Maximilienne de Lavoncourt fille du Sieur Jacque Emanuel Dupuy Seigneur de Lavoncourt et Detoley capitaine commandant dans le Régiment de Mareuil Infanterie et de Dame Anne de la Valette ses père et mère. Du 10 Octobre 1743.

Sachent tous que, cejourd'huy dix Décembre, mil sept cent quarante trois, à Remiremont avant midi, Pardevant le nottaire héréditaire en Lorraine résidant au dit Remiremont soussignés présents les témoins au bas nommés, sont comparus en personne le Sieur Victor Charles Vincent escuyer

Seigneur d'Equevilley demeurant présentement à Fontenoy
la ville d'une part, et la Demoiselle Maximilienne de Lavoncourt fille du Sieur Jacque Emanuel Dupuy Seigneur
de Lavoncourt et Detoley, Capitaine commandant dans le
régiment de Mareuil infanterie et de Dame Anne Valette
fille du Sieur de la Valette Capitaine de Dragons . . . . .
d'autre part; Le dit Sieur Victor assisté du Sieur Claude
François Vincent escuyer Seigneur d'Equevilley son frère,
du Sieur Leopold Anthoine de Cambon ancien garde du
corps de Sa Majesté le roi de Pologne et brigadier de la
maréchaussée au département d'Arches demeurant au dit
Remiremont, et la ditte Demoiselle Maximilienne aussi assis-
tée de la ditte Dame de la Valette sa mère fondée de pouvoir du dit Sieur Jacque Emanuel son mary au fait dont
s'agit, et du Sieur François Joseph Bazard demeurant à
Remiremont bons amis des parties; les quelles parties ainsi
comparentes savoir le dit Sieur Victor et la ditte Demoiselle Maximilienne, pour parvenir au futur marriage espéré
à faire entre elles, sont convenues des points et articles
matrimoniales qui suivent.

Premièrement qu'étant déjà fiancés ils s'épouseront en
face de notre mère Sainte Eglise le plustôt que faire se poura
etc. . . . . . . (Suivent les articles du contrat.) Après lecture
faite signés V. d'Equevilley de Lavoncourt, Anne Valette
de Lavoncourt, V. d'Equevilley, Bazard, Cambon, N. F.
Simon curé de Rupt, le Chevalier de Lannoy, François
Bonhomme, Jean Henry et du soussigné nottaire avec paraffe au 21ᵐᵉ volume folio 46 Nᵒ 12 à Remiremont ce 17
Décembre mil sept cent quarante trois.

GERMAIN.

Extrait de naissance de Charles Gabriel Vincent d'Equevilley.

Du Registre des Actes Civils de la commune d'Equevilley il a été extrait ce qui suit.

Le sieur Charles Gabriel fils Légitime de Noble Charles Victor Amédé Vincent Seigneur d'Equevilley, et de Dame Maximilienne Dupuis de Lavoncourt, son épouse, est né le Vingt sept Octobre, de l'an mil sept cent quarante quatre, et a été baptisé le même jour à la maison à cause de danger probable de mort. Les cérémonies ont été faites à l'Eglise le Vingt neuf du dit mois, il a eu pour Parrain Noble Charles Vincent d'Equevilley, et pour Marraine Dame Gabriel de Cordemoy, Dame d'Equevilley, qui se sont soussignés de ce enquit signé au Registre, de Cordemoy, J. B. N. 20.

Fr. Xav. Grand Girard curé d'Equevilley.

Pour Copie conforme au registre de la mairie d'Equevilley le onze Juillet mil huit Cent quarante sept.

Le Maire Petitjean

Vu pour légalisation de la signature de Mᵣ Petitjean, Maire d'Equevilley par nous Président au Tribunal civil de Vesoul Chevalier de la Lég. d'Honneur.

Le douze juillet 1847.

Pour le Président le premier juge suppléant
Guenot.

Extrait mortuaire de Dame Maximilienne de Lavoncourt d'Equevilley.

Du Registre Civil de la commune d'Equevilley il à été extrait ce qui suit.

Dame Maximilienne Dupuis de Lavoncourt âgée d'environ Vingt trois ans est décédée dans la communion de l'Eglise le Vingt huit Octobre de l'an mil sept cent quarante quatre; son corps à été inhumé le lendemain dans la chapelle de l'Eglise d'Equevilley, en présence de Noble Charles Victor Amedé Vincent d'Equevilley, son mari et de Noble Charles François Vincent de Citey qui se sont signés de ce enquit signé au registre, V. d'Equevilley Fr. Xav. grand Girard curé d'Equevilley.

Et pour copie conforme au registre de la Mairie d'Equevilley. Le onze juillet Mil huit cent quarante sept.

Le Maire PETITJEAN.

Vu pour légalisation de la signature de M⯑ Petitjean, maire d'Equevilley par nous Président au Tribunal civil de Vesoul Chevalier de la Lég. d'Honneur.

Le douze juillet 1847.

Pour le Président le premier juge suppléant
GUENOT.

Extrait de naissance de Denys Victor Vincent d'Equevilley.

*Du registre des actes de la paroisse de Meurcourt il est extrait
ce qui suit.*

Denys Victor fils de noble Charles Gabriel Vincent d'Equevilley et de Demoiselle Françoise de Briaucourt son épouse, est né et a été baptisé le vingt novembre mit sept cent quatre vingt deux. Il a eu pour parrain noble Florent Denys Vincent d'Equevilley et pour marraine Demoiselle Anne Héloïse Dupuy de Mont-Saint-Léger représentée par Françoise Laprevoste illetrée.

Ainsi signé au registre Jacquenet prêtre et curé.

Pour ampliation conforme au registre délivré par nous maire à Meurcourt.

Meurcourt le 24 août 1841.

Le Maire VUILLIN.

Mairie de Meurcourt (haute-saône)

Extrait de Naissance de Toussaint Victor Vincent d'Equevilley.

*Extrait du Registre des Actes de la commune de Marnay, départe-
ment de la haute-saône.*

L'an mil huit cent quinze, le premier novembre à huit heures du soir, pardevant nous Pierre Billecard, Maire de la commune de Marnay, canton de Pesmes, département de la haute-Saône, est comparu Denis Victor Vincent d'Eque-villey, percepteur, demeurant à Marnay ; lequel nous a présenté un enfant du sexe masculin, né le présent jour à sept heures du soir, de lui déclarant et de Françoise Joséphine Lambert, son Epouse, et auquel il a déclaré vouloir donner les prénoms de Toussaint Victor, déclaration et présentation faites en présence de Jean Baptiste Jouvelot, âgé de trente huit ans, tisserand, et Louis Mary, agé de trente sept **ans**, tisserand les deux demeurant à Marnay, et ont les déclarant et témoins, signé avec nous le présent acte, après qu'il leur en a été fait lecture, signé

VINCENT, J. B. JOUVELOT, MARY et BILLECARD.

Extrait de naissance de Dame Louise Charlotte Huvé d'Equevilley.

Extrait des registres de l'état civil de la commune de Fontenoy le Château, Canton de Bains, arrondissement de Mirecourt, département des Vosges.

Marie Louise Charlotte Sébastienne fille de Noble Nicolas Florent Huvé escuyer capitaine prévot du comté de Fontenoy et de Dame Jeanne Claude Gaux de Taule, est née le quatorze d'août et baptisée le quinze en l'année de Mil sept cent cinquante deux, elle a eu pour parrain Monseigneur Louis Ferdinand Joseph Duc de Croix et Duc d'Havré grand d'Espagne de la première classe, Lieutenant général des armées du roi, Chatelain de Mouc comté de Fontenoy pour son Lieutenant le sieur d'Equevilley Lieutenant de Cavalerie au service du roi de France; et pour marraine Illustre et honorée Madame la Comtesse Marie

Charlotte Louise Sébastienne Descoraille de Roussi de Fontange Dame Chanoinesse de l'insigne église collégiale et séculière de St. Pierre de Remiremont par la demoiselle Fleurent la lieutenante lesquels se sont avec nous soussignés, signé au registre.

B. FLEURENT. VINCENT D'EQUEVILLEY et PAILLARD curé de Fontenoy.

Pour extrait conforme délivré par nous Jean Martin Lempfrit maire officier de l'état civil de la commune de Fontenoy le Château le vingt cinq Octobre mil huit cent vingt.

LEMPFRIT.

Nous Charles François Delpierre président du tribunal civil de l'arrondissement de Mirecourt attestons que la signature Lempfrit apposée au bas de l'acte d'autre part est celle du sieur Lempfrit maire de la commune de Fontenoy le Château, en témoignage de quoi nous avons signé les présentes en marge desquelles nous avons fait apposer le sceau du Tribunal.

Mirecourt le 31 Octobre mil huit cent vingt.

DELPIERRE. THOMASSIN greffier.

Extrait mortuaire de Mathieu Denys Vincent d'Equevilley.

Du registre des actes civils de la commune d'Equevilley il a été extrait ce qui suit.

Aujoud'hui huit pluviose an X de la République des Français une et indivisible à dix heures du matin, pardevant moi Claude François Defferrière agent municipal de la commune d'Equevilley être pour recevoir les actes destinés à constater les naissances, mariages, les décès des citoyens et citoyennes

Ont comparus en la maison commune d'Equevilley les citoyen et citoyenne Marie Louise Charlotte Huvé âgée de quarante quatre ans, cultivatrice et Simon Petit-guillaume âgé de cinquante deux ans, aussi cultivateur les deux de la commune d'Equevilley département de la haute Saône, la première Epouse et le second bon ami de Mathieu Denis Vincent âgé de soixante treize ans domicilie dans la commune d'Equevilley. Lesquels Marie Louise Charlotte Huvé et Simon Petit-guillaume m'ont déclaré que le dit Mathieu Denis Vincent est mort le Présent jour à quatre heures du matin dans sa maison au dit Equevilley; d'après cette déclaration je me suis sur le champ transporté au dit domicile je me suis assuré du décés du dit Mathieu Denis Vincent et j'en ai dressé le présent acte que Marie Louise Charlotte Huvé et Simon Petitguillaume ont signé avec moi. Fait à Equevilley en la maison commune les jours et mois et an que ci-dessus; signé au registre Vincent née Huvé Petitguillaume et Defferriere agent et pour copie conforme à la Mairie d'Equevilley le onze juillet Mil huit cent quarante sept.

Le Maire Petitjean.

Mairie d'Equevilley (haut-saône.)

Vu pour légalisation de la signature de Mr Petitjean maire d'Equevilley par nous président du tribunal civil de Vesoul, Chevalier de la légion d'honneur.

Le douze juillet 1847.

Pour le président le premier juge suppléant
GUENOT.

***

Extrait mortuaire de Jules César Suzanne d'Equevilley.

Extrait du registre constatant les décès de la commune de Montpellier pendant l'année mil huit cent vingt huit, déposé au greffe du tribunal civil du dit Montpellier.

L'an mil huit cent vingt huit et le premier jour du mois de novembre heure de dix du matin acte de décès de Monsieur Jules César Suzanne Baron d'Equevilley, maréchal de camp des armées du Roi chevalier de l'ordre royal et militaire de Saint Louis, officier de la légion d'honneur, commandant la première subdivision de la neuvième division militaire, décédé ce jourd'hui à une heure du matin dans la maison Herat, place de la comédie âgé de soixante deux ans, natif de Faverney, département de la haute-saône, domicilié à Montpellier, époux de madame Marie Urbane, de Baretto, né comtesse de Lima âgée de quarante ans domiciliés en cette ville. Sur la déclaration à moi faite par Monsieur Jean Charles Courtod de Cissey, chevalier de Saint Louis commandant du fort Brescou âgé de cinquante huit ans, et par Monsieur Augustin René Philibert Brunet, élève en médecine âgé de vingt neuf ans habitant aussi de cette ville, qui ont signé après lecture du présent acte constaté par moi Charles Comte de Benavent Rodez adjoint à la mairie faisant les fonctions d'officier public de l'état civil soussigné Courtot de Cissey, A.ne Brunet, le C.te de Benavent Rodez signés.

Constaté par nous greffier du tribunal civil soussigné. Montpellier le 29 Mai 1847.

Duverdier C. V.

Vu pour légalisation de la signature Duverdier commis greffier du tribunal civil cidessus apposée.
Montpellier le 29 Mai 1847.

Le vice président du tribunal civil
chevalier de la légion d'honneur
L. C. Bertrand.

Certificat qui prouve que la famille Vincent d'Equevilley est inscrite au rôle de la Capitation de la noblesse de Franche-Comté depuis la réunion de cette province à la France.

Marc-Antoine Le Fevre De Caumartin De Saint-Ange, Seigneur de Boissi-le-Châtel et autres lieux, Chevalier, Conseiller du Roi en ses Conseils, Maître des requêtes ordinaire de son hôtel, Intendant de Justice Police et Finance du Comté de Bourgogne, et Premier Président du Bureau des Finances de ladite Province.

Nous Certiffions à tous qu'il appartiendra que M.r Charles Gabriel Vincent d'Equevilley, ainsi que ses ayeux ont été Imposés depuis l'année mil six cent quatre vingt quinze jusqu'à présent dans le Rolle de la Capitation de la noblesse de Franche-Comté; En foy de quoi nous lui avons délivré le présent Certificat auquel nous avons fait apposer le sceau de nos armes et que nous avons fait contresigner de notre premier sécretaire pour lui servir et valoir ce que de raison. Fait à Besançon le cinq septembre mil sept cent quatre vingt huit.

Caumartin de St. Ange.

Par Monseigneur

Griol.

Etats de services de divers membres de la famille Vincent d'Equevilley.

Ministère de la Guerre, Secrétariat général, contrôle et Comptabilité générale. Bureau des lois et archives

Paris, le 30 Juin 1847.

Monsieur, par lettre du 26 de ce mois, vous avez demandé les états des services de plusieurs membres de votre famille qui ont fait partie, comme officiers, des armées françaises, à différentes époques, depuis le commencement du 18e siècle jusqu'en 1830.

Vous trouverez transcrits au verso de la présente lettre, tous les renseignemens qu'il a été possible de recueillir dans les archives de mon ministère, sur le compte de quatre d'entre eux.

On n'a pu se livrer à aucune recherche utile à l'égard de Mrs Antoine Vincent de Montjustin, Jean François Vincent de Montjustin et Charles Victor Amédée Vincent

d'Equevilley, attendu que vous n'avez pas suffisamment pré-
cisé dans votre lettre, l'arme et les Corps dans lesquels
ils servaient, ni l'époque de leur présence sous les drapeaux.

S'il y a lieu il vous sera répondu ultérieurement au
sujet du dernier paragraphe de votre lettre concernant
M. Vincent d'Equevilley (Florent Louis Claude Denis) Recevez, Monsieur, l'assurance de ma consideration

Pour le Ministre :

Le sous Secrétaire d'Etat de la guerre.

Par autorisation spéciale le chef du bureau des lois et archives

Rousseau.

A M. V. d'Equevilley, rue et hôtel Coquillière à Paris.

Extraits des Archives de la guerre.

M. MONTJUSTIN, [1] Capitaine au régiment de Bourbon Cavalerie du . . . . 25 Juillet 1690
ne figure plus sur les états de 1704.

Nota. Avant son entrée au régiment de Bourbon (Cavalerie), en
1690, M. Mathieu Cordiant Vincent de Montjustin paraît avoir servi
dans des régiments à la solde de l'Empire ou dans des corps étrangers à la solde de la France pour lesquels on n'a point de contrôles
aux archives.

---

[1] Le trisaïeul de M. d'Equevilley et le premier seigneur de ce
nom après la conquête de la Franche-Comté : il fut le premier
chevalier de Saint Louis de cette province ; le roi Louis XIV
lui envoya cette décoration par une lettre autographe du
1er Janvier 1705. Cette lettre précieusement conservée est
entre les mains de Madame d'Equevilley veuve du dernier
d'Equevilley de la branche ainée.

110

D'EQUEVILLEY, *Guillaume Gabriel Vincent*, fils de *Victor Vincent* et de *Charlotte Marguerite De Morgue Bouteville*, né le 22 Mai 1724 à Fontenoy la ville (Lorraine.)

Garde du corps du Roi de Pologne en 1738
Lieutenant de milice en 1743
Lieutenant en 2.ᵉ au régiment royal Lorraine (infanterie) le . . . . 30 Janvier 1744
Lieutenant en 1.ᵉ le . . . . 3 Septembre 1747
Réformé avec le corps le . . . . 31 Décembre 1748
Lieutenant dans le Bataillon de milice d'Ornam, en 1750
Aide major de Grenadiers royaux soissonnais en . 1757
Rang de Capitaine, le . . . . . . 1ᵉʳ Septembre 1759
Réformé avec le corps le . . . . . 1ᵉʳ Décembre 1775
DÉCORATION. Chevalier de St. Louis.
CAMPAGNES. A reçu deux blessures au siège de Fribourg, le 30 Septembre 1744.

VINCENT D'EQUEVILLEY, *(Denis Mathieu)* fils de *Victor* et de *Marguerite Charlotte de Morgue Bouteville*, né le 1ᵉʳ Décembre 1725, à Fontenoy la ville en Lorraine.

Garde du corps du Roi de Pologne Duc de Lorraine et de Bar, le . . . . 17 Avril 1743
Lieutenant dans royal Lorraine infanterie, le
3 Septembre 1747
Réformé, le 1749
Lieutenant au bataillon de milice de Vesoul, le
25 Février 1750
Lieutenant de grenadiers au régiment de Coiney le
1ᵉʳ Avril 1751

Lieutenant en 1er, le . . . . 10 Octobre 1758

Capitaine au régiment provincial d'artillerie de Toul,

le 1758

Commissionné capitaine, le . . . . . 1er Septembre 1759

Capitaine des grenadiers royaux du Comté de Bour-

gogne, le 1780

Admis à une pension annuelle de retraite, le

16 Octobre 1783

CAMPAGNES. A fait quatre Campagnes en Italie avec le

régiment de Lorraine et les grenadiers royaux.

DÉCORATION. Chevalier de l'ordre royal et mili-

taire de St. Louis le . . . . 9 Juin 1772

Baron D'EQUEVILLEY *(Jules César Suzanne)* né

à Faverney (haute-saône) le . 26 Décembre 1765

Cadet gentilhomme au régiment de la Marine le

10 Juillet 1779

Sous-Lieutenant le . . . . 25 Janvier 1780

Lieutenant le . . . . 3 Juin 1786

Chasseur noble de l'armée du prince de Condé le

31 Octobre 1791

Passé dans les Chevaliers de la Couronne le

1er Février 1794

Passé dans le régiment noble de Berry le 1er Janvier 1797

Licencié le . . . . 1er Mars 1801

Capitaine au premier régiment étranger le

8 Novembre 1805

Chef de bataillon à l'état major général le

16 Février 1811

112

Colonel le . . . . 26 Novembre 1814

Colonel de la légion de la Vendée le . . 16 Août 1815

Admis à la retraite par décision royale du 3 Juin 1820

Maréchal de Camp honoraire le . . 13 Septembre 1820

Remis en activité comme colonel et Lieutenant de

    Roi à Perpignan, le . . . . 9 Juillet 1822

Maréchal de camp titulaire le . . . . 30 Juillet 1823

Commandant la première subdivision de la neuvième

    division militaire (Aveyron Hérault et Tarn) le

                         3 Septembre 1823

Désigné pour la retraite le . . . . . 1ᵉʳ Octobre 1828

Mort à Montpellier le . . . . . . 1ᵉʳ Novembre 1828

    CAMPAGNES. Du 21 Avril 1792 au premier Mars 1801 à l'armée de Condé, 1806, 1807, 1808, 1809 en Calabre, 1810 et 1811 jusqu'au 20 Avril en Portugal et en Espagne, 1814 à la grande armée.

    ACTIONS D'ÉCLAT. A l'affaire d'Alcanisas le 7 Juin 1810, il a détruit avec quinze Dragons une compagnie d'Infanterie Espagnole qui harcelait le flanc gauche de la colonne d'attaque.

    Le 4 Juillet 1810, chargé de dégager le pont de Callegos, il passa le premier et reçut dix blessures, il a eu l'oeil droit et une partie de la figure fendus d'un coup de sabre.

    DÉCORATIONS. Chevalier de St. Louis le

                         25 Octobre 1797

Chevalier de la légion d'honneur le . . 18 Mai 1820

Officier le . . . . 29 Octobre 1826

TITRES. Baron (ordonnance du 22 Octobre 1817)

                         22 Octobre 1817

MINISTÈRE DE LA GUERRE.

Secrétariat Général, contrôle et comptabilité générale.

Par ordre du ministre sécretaire d'état de la guerre,

Le sous-sécretaire d'état de la guerre, certifie à tous qu'il appartiendra que les services sur lesquels a été basée la pension militaire de réforme de six cent soixante sept francs, accordée par ordonnance Royale du 15 Août 1838 à M.ʳ Vincent d'Equevilley (Florent Louis Claude Denys) Lieutenant de Cavalerie; né le 24 Avril 1772 à Equevilley (haute-saône), ont été constatés ainsi qu'il suit :

Engagé volontaire dans le 8ᶦᵉᵐᵉ Régiment d'Artillerie
à pied, le . . . . 1.ᵉʳ Février 1790
jusqu'au . . . . 3 Février 1794
Lieutenant dans la légion de la Vendée le 30 Juillet 1817
Passé dans la Compagnie de Gendarmerie des deux
Sèvres, le . . . . 27 Août 1817
Passé dans la Compagnie du 4ᶦᵉᵐᵉ arrondissement
maritime, le . . . . 6 Février 1818
Passé dans celle de la Côte d'or, le . 1.ᵉʳ Février 1821
Services comptés jusqu'au . . . . . . 29 Mars 1838
CAMPAGNES. Du 1.ᵉʳ Février 1790 au 3 Février
1794 aux Antilles.

DÉCORATIONS. Chevalier de St. Louis, le 20 Août 1823

En foi de quoi il a délivré le présent certificat, pour servir et valoir ce que de raison.

Fait à Paris, le 15 Juillet 1847.

Par autorisation, le chef du Bureau
F. Tuselin.

A M. d'Equevilley Lieutenant pensionné rue et hôtel Coquillière
à Paris.

SECONDE PARTIE.

BIOGRAPHIE DE VICTOR D'EQUEVILLEY

DEPUIS

SON ENTRÉE AU COLLÉGE JUSQU'À L'ÉPOQUE

DE SON PROCÈS.

A vous, mon cher d'Equevilley; vous êtes jeune,
soyez plus heureux que moi, mais si vous voulez
rester honnête homme, attendez vous à tous les maux,
à toutes les misères humaines, à toutes les trahisons,
à toutes les lachetés . . . . . .

Général Donnadieu.

Courbevoie, 5 Juillet 1846.

M. d'Equevilley a l'honneur de soumettre à l'assem-blée nationale, sans aucun commentaire, les pièces que contient cette seconde partie; leur nombre, leur nature et leur teneur suffiront pour anéantir jusqu'à la trace des préventions fâcheuses que l'accusation dont il a été l'objet et la condamnation qui en a été la suite ont fait peser sur lui. Si l'on a pas oublié les infâmes calomnies qui circulèrent dans toute l'Europe, grâce à l'immense publi-cité donnée avant temps [1] et contrairement à l'esprit de

---

[1] Quelques jours avant de quitter la France M. Louis Blanc avait déposé sur le bureau du président de l'Assemblée Natio-nale, une proposition conçue en ces termes: „il est interdit aux journaux de publier à l'avance les actes d'accusation."

On ne saurait contester ni la justice, ni l'à-propos de cette proposition, et l'on s'étonne seulement que personne ne s'en soit encore avisé. Si une disposition analogue ne se trouve pas dans notre Code d'instruction criminelle c'est évidemment parceque la France ne jouissait pas de la liberté de la presse à l'époque où ce Code fut promulgué.

En effet, cette publicité anticipée qu'on donne trop souvent aux actes d'accusation peut entraver dans baucoup de cas l'ac-tion de la justice. Elle fait connaitre aux témoins la portée de leurs déclarations et les conséquences qu'on en peut tirer. Si l'un d'eux est intéressé d'une manière ou d'autre à troubler le ministère public dans sa marche, à jeter de l'incertitude dans l'esprit des Jurés, enfin à obscurcir la vérité, la connais-sance de l'acte d'accusation lui en fournit presque toujours les moyens. Cet abus peut avoir pour l'accusé lui même des conséquences encore plus graves. (Extrait du National du **19 Septembre 1848**.)

la loi à cet acte odieux d'accusation qui allait chercher M. d'Equevilley jusque dans ses pensions, pour déchirer et calomnier l'enfant afin d'arriver plus facilement et plus sûrement à flétrir le jeune homme; on comprendra qu'il n'y a rien de puéril dans la publication des premiers documents que l'on va lire et qui, par un hasard providentiel, ont été conservés et retrouvés.

PETIT SÉMINAIRE DE L'ARC, À DÔLE.

3ème trimestre.   *M. Vincent d'Equevilley.*   Classe de huitième.

Santé: florissante.

Diligence: on est également content de son travail et de ses succès.

Conduite: si on en excepte sa légéreté, sa conduite est satisfaisante.

Etude de la religion: très bien.

Leçon: parfaitement.

Écriture: assez bien.

Numéros de rappel dans les disputes littéraires: sur 9 numéros, le 1. 1. 5. 2. 4. 2. 1. 2. 3.

Dôle le 9 Juillet 1826.

P. CUENET,

prêtre supérieur du petit séminaire.

M. d'Equevilley n'a quitté le petit séminaire de l'Arc qu'à la fin de 1828, époque ou il fut fermé par ordonnance royale: il fut placé alors au collège Stanislas à Paris et y resta jusqu'après la révolution de Juillet.

COLLÈGE STANISLAS.

Distribution solennelle des prix. — 31 Août 1830.

Classe de cinquième: premier prix d'histoire remporté par l'Elève *Vincent d'Equevilley.*   Augé

directeur du collège Stanislas.

Classe de cinquième: second prix de version remporté par l'Elève *Vincent d'Equevilley.*   Augé

directeur du collège Stanislas.

COLLÈGE STANISLAS, rue notre dame des champs N.º 34.

Monsieur

J'avais différé à vous envoyer ce bordereau, Madame d'Equevilley m'avait fait espérer que le cher enfant reviendrait au milieu de nous au mois de novembre ... j'aime à croire que Victor vous donne de la satisfaction et qu'il met à profit le temps si précieux qu'il passe auprès de vous; je l'embrasse bien tendrement.

Agréez, Monsieur, l'assurance de ma parfaite considération.   Augé

directeur du collège Stanislas.

4 Février 1831.

M. d'Equevilley, qui au mois d'Avril 1830, avait été nommé page du Roi pour être admis aussitôt qu'il aurait atteint l'âge, fut placé après la révolution de Juillet au Collège de St. Remy dans le département de la hautesaône et à trois lieues de Jussey où habitait et où habite encore sa famille: il y resta jusqu'en 1833, époque à laquelle il revint à Paris pour suivre les cours préparatoires aux écoles Polytechnique et Militaire.

COLLÈGE DE ST. REMY. — ACADÉMIE DE BESANÇON.

Bulletin de l'élève d'Equevilley (Vincent Victor) de la classe
de Troisième du 3 Novembre 1831 au premier Janvier
1832.

Places d'application, travail et conduite: 1, 1, 1, 1, 1.
Mathématiques élémentaires: bien.
Langues vivantes. Italien: bien.
Inscription au tableau d'honneur: une fois.

Le supérieur LALANNE.

Le bulletin de Monsieur votre fils ne veut point partir
sans un petit mot de ma main; je vous prie de regarder
ceci, Monsieur, comme l'expression de mes voeux sincères
pour vous, et un encouragement que méritent son application et ses progrès.

St. Remy 26 Décembre 1831.

Son professeur
l'abbé BRUNET.

COLLÈGE DE ST. REMY. — ACADÉMIE DE BESANÇON.

Distribution solonnelle des prix. — 30 Août 1832.
Classe de troisième. Les premiers prix dont l'énumération
suit ont été remportés par l'élève Victor Vincent d'Equevilley. Premier prix d'application. Premier prix d'étude
de la Religion. Premier prix de version. Premier prix
de narration. Premier prix d'histoire.

A *M. Victor d'Equevilley*, rue montmartre N°. 15
à Paris.

MINISTÈRE DE LA GUERRE: — Direction du personnel
et des opérations militaires; — bureau du recrutement;
— 2.ᵉ section, 1.ʳᵉ subdivision.

J'ai reçu, Monsieur, la demande que vous avez formée
à l'effet d'être autorisé à vous présenter au prochain concours pour l'École de Saint-Cyr.

D'après l'ordonnance sous l'empire de laquelle ce concours s'ouvrira, nul ne peut être admis aux examens s'il
n'a accompli sa dix-huitième année au premier Octobre de
l'année où ces examens auront lieux.

A la même époque 1833, vous ne remplirez pas encore
la condition d'âge, puisque vous êtes né en Novembre 1815.

Comme cette condition est rigoureusement exigée par
l'ordonnance précitée, je me vois dans l'impossibilité de
donner suite à votre demande. C'est avec regret que je
vous l'annonce.

Le ministre sécretaire d'état de la guerre.

Par son ordre: le général sous-directeur
Paris 3 Mai 1833.   A. MIOT.

**ÉCOLE PRÉPARATOIRE DE MONTREUIL, A VER-
SAILLES.** Bulletin des notes trimestrielles. 2.ᵉ trimestre
de 1834. *M. d'Equevilley*, élève d'élite.

Arithmétique . . . . bien.
Géométrie . . . . bien.
Algébre . . . . assez bien.
Géométrie descriptive . . . . bien.

122

Physique . . . . assez bien.

Chimie . . . . assez bien.

Langue Française . . . . assez bien.

Allemande . . . . médiocre.

Dessin. L'Académie . . . . bien.

Ecriture . . . . bien.

Exercice . . . . bien.

Escrime . . . . médiocre.

Conduite . . . . bonne.

Santé . . . . bonne.

Observations. Excellent élève sous tous les rapports. Constance soutenue. Intelligence remarquable. Grande activité d'esprit. Jugement exercé. Progrès sensibles.

Le succès nous parait sûr, quoique le peu de temps qu'il a passé chez nous ne nous permette pas de connaitre à fond et dans ses détails toutes les parties de son instruction.

Versailles, le 1ᵉʳ Juillet 1834.

BARTHE. LA BAUME.

La lettre du général Miot explique comment M. d'Equevilley n'a pu entrer en 1833 à l'école de Saint-Cyr. En 1834 il passa ses examens; d'après le bulletin qu'on vient de lire on comprend qu'il devait étre certain du succès; malheureusement cette année là il n'y eut pas d'admissions; M. d'Equevilley se décida alors à partir pour l'Espagne nous allons l'y trouver au commencement de 1835.

Certificat du Lieutenant-Colonel Don Manuel de Iglesias. [1]

Don Manuel de Iglesias, Lieutenant-colonel attaché à l'état-major général de la Vielle-Castille, décoré de plusieurs croix de distinction pour actions de guerre, déclaré bien méritant de la patrie, Commandant du dépôt général de cette ville.

Je certifie que me trouvant à Bayonne de France dans le mois de Janvier mil huit cent trente cinq, commissionné par Son Excellence le général en chef de l'armée du nord, pour conduire des fonds à son armée, M. Don Victor Vincent d'Equevilley, se présenta à moi avec le louable objet de défendre les droits sacrés de S. M. Catholique Isabelle II et la liberté de la nation espagnole; et en même temps il me présenta plusieurs lettres de recommandation des premières autorités de France pour nos généraux. Cet appréciable jeune homme m'accompagna m'aidant à la conduite de mon convoi et me rendant les plus intéressants services jusqu'à notre arrivée au village de Lodosa, où il se présenta à S. E. M. le général de division Don Juan Tello, puis ensuite à S. E. M. le général en chef de l'armée du Nord Don Luis Fernandez de Cordova, qui le nomma sous-lieutenant de cavalerie dans l'escadron de chasseurs d'Alava; il faisait partie de ce corps à la glorieuse bataille de Mendigorria le 16 Juillet de la dite année, dans laquelle il manifesta la plus décidée valeur par son intrépidité: au milieu

---

[1] Tous les originaux des documents venant d'Espagne, brevets, certificats, lettres etc. sont en Espagnol: dans la traduction en Français, on a cherché à conserver jusqu'à la tournure de phrase Espagnole.

d'un feu meurtrier, il se précipita sur l'ennemi, et quoiqu'on lui eût tué son cheval et qu'il eût été contusionné par la chute, sans hésiter un moment il prit le fusil d'un soldat qui venait de mourir, et se mettant à la tête de plusieurs soldats qui s'étaient réunis à lui, il les animait à le suivre, et leur donnant lui-même l'exemple; il s'élança sur l'ennemi, le chassa de la hauteur qu'il occupait, lui causa plusieurs morts, et obligea les autres à une fuite précipitée. Enfin, dans cette mémorable journée, il s'est rendu digne de l'estime de M. M. les chefs, officiers et soldats de toute l'armée par son civisme; et pour qu'il puisse le constater, et à la demande de l'intéressé, je lui délivre le présent à Valladolid, le trois mars mil huit cent trente-huit.

Signé Manuel de Iglesias.

La signature qui précède du dit Manuel de Iglesias est bien celle qu'emploie dans ses écrits le lieutenant-colonel commandant du dépôt d'infanterie de cette capitale; ce que je certifie.

Valladolid, le 16 Mars 1838.

Le commissaire des guerres.

Signé Jose Suarez de la Barcena.

La copie qui précède est d'accord avec son original, que j'ai rendu après confrontation. Je le certifie comme commissaire des guerres des armées nationales destiné à cette place.

Valence, 27 Janvier 1840.

Jose Eugenio O'Ronan.

(Il y a un sceau.)

Vu au consulat de France, pour légalisation de la signature ci-dessus de M. Joseph-Eugène O'Ronau, commissaire des guerres en cette ville, à laquelle toute foi doit être ajoutée.

Valence, 27 Janvier 1840.

Le consul de France,
Théodore Pichon.

(Sceau du consulat.)

ARMÉE D'OPÉRATIONS DU NORD.

De l'ordre du très excellent seigneur général en chef de cette armée reste attaché à la compagnie de chasseurs que vous commandez Don Victor Vincent d'Equevilley. Je vous le dis pour votre intelligence, pour que vous vous y conformiez et fassiez délivrer à cet officier les rations et la solde qui lui appartiennent.

Dieu vous garde baucoup d'années.

Pamplune, 21 Juillet 1835.

Le général de Brigade chef de l'état major général
Marcelino Oraa.

A Monsieur le Commandant de la compagnie des chasseurs
à cheval d'Alava.

Certificat du Commandant des Chasseurs à Cheval d'Alava.

Don Anselmo Ibañez, chevalier de l'ordre national et militaire de Saint-Ferdinand de 1re classe, décoré d'autres croix pour actions de guerre, capitaine du régiment de cavalerie du prince, 3e de ligne, etc., etc.,

Je certifie que Don Victor Vincent d'Equevilley fut destiné dans les premiers jours de Juillet de l'année 1835 en qualité de sous-lieutenant à l'escadron des chasseurs d'Alava, par ordre du très-excellent seigneur général en chef de l'armée du nord, Don Luis Fernandez de Cordova; pendant tout le temps qu'il a appartenu à ce corps, il s'y est toujours comporté d'une manière digne de la classe à laquelle il appartient; et pour le constater, comme commandant de ce corps, je donne la présente que je signe, à Valladolid, le 10 Août 1839.

Signé, ANSELMO IBAÑEZ.

La signature qui précède est légitime; je le certifie. Valladolid, 12 Août 1839.

Le commissaire des guerres,
signé ANTOLIN ISTURIZ.

La copie qui précède est d'accord avec son original, que j'ai rendu après confrontation; je le certifie comme commissaire des guerres des armées nationales destiné à cette place.

Valence, 27 Janvier 1840.

JOSE EUGENIO O'RONAN.

(Il y a un sceau.)

Vu au consultat de France pour légalisation de la signature ci-dessus de M. Joseph Eugène, O'Ronan, commissaire des guerres en cette ville, à laquelle toute foi doit être ajoutée.

Valence, 27 Janvier 1840.

Le consul de France, THÉODORE PICHON.

(Sceau du consulat de France à Valence.)

Certificat du Général Don Juan Tello.

Don Juan Tello, chevalier grand-croix de l'ordre royal et militaire de Saint - Hermengilde, décoré de plusieurs croix pour actions de guerre, et maréchal de camp des armées nationales, etc. etc.

Je certifie qu'à la bataille du seize Juillet mil huit cent trente-cinq, dans les champs de Mendigorria, se présenta à moi volontairement le comte Don Victor Vincent d'Equevilley, de nation Française. Je le destinai provisoirement à l'état-major de la première division que je commandais; je chargeai cet officier, pendant la bataille, de différentes commissions; il porta mes ordres, et finalement je lui confiai le soin de l'hôpital de Mendigorria, village qui, ayant été pris d'assaut, avait produit un grand nombre de blessés. Dans toutes les commissions que je lui ai confiées, il s'est conduit avec valeur, décision et intelligence, particulièrement quand, à la tête de la première brigade de la division de mon commandement, il fut un des premiers qui occupa la hauteur où on lui tua son cheval. S'étant rendu digne, dans cette bataille et pendant les trois mois qu'il est resté sous mes ordres, de la plus grande estime. Et pour qu'il puisse faire constater ces services, je lui donne le présent à Valladolid, le huit Janvier mil huit cent trente-huit.

Signé Juan Tello.

Le signature qui précède dudit Juan Tello est bien celle qu'emploie dans ses écrits le maréchal de camp de ce nom: je le certifie. — Valladolid, 14 Mars 1838.

L'intendant militaire honoraire des Finances de la place.

Signé José Suarez de la Barcena.

128

Le copie qui précède est d'accord avec l'orginal que j'ai rendu après confrontation; je le certifie comme commissaire des guerres des armées nationales destiné à cette place.

Valence, vingt-sept Janvier mil huit cent quarante.

José Eugenio O'Ronan.

(Sceau du commissaire.)

Vu au consulat de France pour légalisation de la signature de M. Joseph-Eugène O'Ronan, commissaire des guerres en cette ville, à la quelle toute foi doit être ajoutée.

Valence, le 27 Janvier 1840.

Le consul de France, Théodore Pichon.

(Sceau du consulat.)

Lettre du Baron Suarce, Colonel du Régiment de Chasseurs d'Isabelle II.

J'ai reçu sur la conduite de M. d'Equevilley les renseignements les plus favorables; je le prends pour mon officier d'ordonnance honoraire et ne tarderai pas à en faire un officier en pied. — Jaca, 21 Septembre 1835.

Le Colonel baron de Suarce.

Certificat du Général Ayerbe.

Don Joaquin Ayerbe, grand-croix de l'ordre national de Saint-Ferdinand, de celle de 3.ᵉ Classe du même ordre, et de celle de Sainte Hermengilde, décoré d'autres croix de distinction pour actions de guerre, maréchal de camp des armées nationales et commandant général de la 2.ᵉ division de l'armée du centre, etc. etc.

Je certifie que Don Victor Vincent d'Equevilley, lieutenant gradé et sous-lieutenant du régiment cavalerie du roi 1ᵉʳ de ligne, a fait sous mes ordres la dernière campagne du bas-Aragon dans les mois de mars, avril, mai, juin et juillet de cette année, s'étant trouvé aux trois levées de sièges de Montalban et aux batailles de Utrillas et de la Hos, dans lesquelles il s'est comporté comme il l'a bien accrédité avec toute valeur et décision, particulièrement à l'affaire du 23 mai, où, quoique son cheval ait été blessé, il fut un des premiers qui arriva sur les hauteurs occupées par les bataillons ennemis, au milieu d'un horrible feu de mousqueterie et d'artillerie, animant par son exemple les compagnies de Castille qui montaient avec lui. Je dois ajouter à ces faits que la veille de la glorieuse bataille d'Utrillas, le dit officier commandait l'avant-garde de la brigade Mir, quand il surprit et fit prisonnières, deux sentinelles de cavalerie factieuses, dans les environs du village de Godos. Et pour tous ces faits si distingués, n'ayant jamais obtenu aucune récompense, je lui délivre le présent pour qu'il en fasse l'usage qu'il croira convenable pour solliciter quelque grâce dont S. M. est toujours disposée à récompenser ceux qui ont si vaillamment défendu sa cause.

Madrid, 4 Octobre 1839.

Signé Joaquin Ayerbe.

La signature qui précède est celle du très-excellent seigneur dont Joaquin Ayerbe, maréchal de camp des armées nationales, ce que je certifie, en égard à ce que l'intéressé m'ayant dit devoir faire usage de ce document en pays étranger, cette condition lui devient indispensable. Sans cela elle ne serait nullement nécessaire, car les signatures des officiers généraux n'ont pas besoin de légalisation.

Madrid, onze octobre mil huit cent trente-neuf.

Le colonel, chef d'état-major.

Signé GREGORIO QUIROGA Y FRIAS.

(Il y a un sceau.)

La copie qui précède est bien d'accord avec l'original que j'ai rendu après confrontation: je le certifie comme commissaire des guerres des armées nationales destiné à cette place.

Valence, vingt-sept Janvier mil huit cent quarante.

JOSE EUGENIO O'RONAN.

(Il y a un sceau.)

Vu au consulat de France pour légalisation de la signature de M. Joseph Eugène O'Ronan, commissaire des guerres en cette ville, à laquelle toute foi doit être ajoutée.

Valence, le vingt-sept Janvier mil huit cent quarante.

Le consul de France,

THÉODORE PICHON.

(Sceau du Consulat de France à Valence.)

Certificat du Général Lopez.

Don Narciso Lopez, chevalier de première, seconde et troisième classe de l'ordre national et militaire de Saint-Ferdinand et de celui de Saint-Hermengilde, maréchal de camp des armées nationales, sénateur du royaume, etc., etc.

Je certifie que D. Victor Vincent d'Equevilley, lieutenant de cavalerie franche et sous-lieutenant du régiment de cavalerie du Roi 1ᵉʳ de ligne, dans le temps qu'il a servi sous mes ordres, soit à l'armée du Nord, soit à l'armée du Centre, s'est comporté toujours avec le courage et la valeur qui le caractérisent; s'étant distingué dans toutes les batailles où il s'est trouvé, particulièrement à celles de los Arcos, Mendigorria, et dernièrement à celle de Cheste, dans le royaume de Valence, contre les rebelles de Cabrera, dans laquelle il se distingua très-particulièrement dans la brillante charge qui s'exécuta, sabrant l'ennemi avec quelques soldats qui s'étaient réunis à lui. Je ne dois pas passer sous silence que cet officier bien méritant, malgré plusieurs traits particuliers de valeur, n'a jamais obtenu aucune récompense; c'est pour cela que je l'ai jugé très-digne que S. M. toujours si disposée à récompenser ceux qui si vaillament ont défendu sa cause, lui accorde la croix de Saint-Ferdinand de première classe, ou une autre récompense; et pour qu'il puisse l'accréditer, je lui délivre le présent à Madrid le 6 Octobre 1839.

Signé Narciso Lopez.

La signature qui précède est bien celle du maréchal de camp des armées nationales Don Narciso Lopez; je le certifie, eu égard à ce que l'intéressé m'ayant dit devoir faire usage de ce document en pays étranger, cette condition lui devient indispensable; sans cela elle ne serait nullement nécessaire, car les signatures des officiers généraux n'ont pas besoin de légalisation.

Madrid, 11 Octobre 1839.

Le colonel chef d'état-major,
Gregorio Quiroga y Frias.

(Il y a un sceau.)

La copie qui précède est bien d'accord avec l'original que j'ai rendu après confrontation; je le certifie comme commissaire des guerres des armées nationales, destiné à cette place.

Valence, vingt-sept Janvier mil huit cent quarante.

Jose Eugenio O'Ronan.

(Un sceau.)

Vu au Consulat de France, pour légalisation de la signature ci-dessus de M. Joseph Eugène O'Ronan, commissaire des guerres en cette ville, à laquelle toute foi doit être ajoutée.

Valence, 27 Janvier 1840.

Le Consul de France,
Théodore Pichon.

(Sceau du consulat de France à Valence.)

Certificat du Colonel du Régiment du Roi. 1er Cavalerie de Ligne.

Don Francisco Gonzalez, chevalier des ordres royaux et militaires de Saint-Ferdinand et Saint-Hermengilde, décoré d'autres croix pour actions distinguées de guerre, colonel du régiment de cavalerie du Roi, 1er de ligne.

Je certifie que Don Victor Vincent d'Equevilley, sous-lieutenant dudit régiment, pendant tout le temps qu'il y a servi, s'est toujours conduit avec l'honneur propre à son caractère, et que l'on devait espérer de sa bonne éducation et de ses principes; il assistait aux marches et escarmouches arrivées sur Montan et Segura le 22 et 23 Janvier et le

6 Avril; il était également à la glorieuse affaire du 23 Mai, soutenue dans les champs de Montalban, et où la force du régiment eut une part très-active dans toutes ces circonstances, il s'est comporté avec la valeur et le sang-froid qui doivent être le propre de tout bon officier; et pour qu'il puisse le constater partout où il lui conviendra, je lui donne le présent à sa demande.

A Liria, le 27 Novembre 1839.

Signé FRANCISCO GONZALEZ.

La copie qui précède est d'accord avec l'original que j'ai rendu après confrontation; je le certifie comme commissaire des guerres des armées nationales, destiné a cette place.

Valence, 27 Janvier 1840.

JOSE EUGENIO O'RONAN.

(Il y a un sceau.)

Vu pour légalisation de la signature ci-dessus de M. Joseph Eugène O'Ronan, commissaire des guerres en cette ville, à laquelle toute foi doit être ajoutée.

Valence, le 27 Janvier 1840.

Le Consul de France,

THÉODORE PICHON.

(Sceau du Consulat de France à Valence.)

Certificat de Don Jose Padules.

Don Jose Padules, adjudant de l'escadron de la milice nationale de cette capitale, décoré de la croix de distinction accordée aux miliciens l'année 1823.

Je certifie que Don Victor Vincent d'Equevilley, capitaine aux chasseurs d'Alava, fut un de ceux qui contribuèrent à la défense et à l'expulsion des rebelles qui envahirent cette toujours héroïque ville le jour mémorable du cinq mars 1838; il s'était réuni à cheval, place du marché, aux gardes nationaux.

Saragosse, 22 Juillet 1839.

Jose Padules.

(Il y a un sceau.)

Vu pour légalisation, le commissaire des guerres,

Rafael de Carvajal.

La présente copie certifiée conforme au document original apparu et rendu.

Barcelone, le vingt-six Avril mil huit cent quarante et un.

Le chancelier,

Sobry.

Vu pour légalisation de la signature de M. Sobry notre chancelier, à laquelle signature comme sincère, véritable et de nous bien connue, foi entière doit être aujoutée tant en jugement que dehors.

Barcelone, le vingt-sept Avril mil huit cent quarante-un.

Le consul général de France,

Gauthier d'Arc.

(Sceau du consulat de France à Barcelone.)

Après plus de deux ans de campagne M. d'Equevilley avait obtenu au mois de mai 1837 de venir passer quelques temps près de sa famille: son congé n'était pas encore expiré quand il rentra en Espagne avec le général Ramorino, qui s'y rendait après s'être entendu avec les

Ambassadeurs de S. M. C. près des Cours de France et d'Angleterre, et au moment où Don Carlos était aux portes de Madrid.

Certificat du général Ramorino.

Je soussigné déclare que Monsieur le Capitaine Vicomte Victor Vincent d'Equevilley, est au nombre des officiers qui, en Août dernier, ont consenti à venir en Espagne avec moi pour défendre la cause de la Reine Isabelle et de la Constitution Espagnole.

Valladolid, le 17 Mars 1838.

Le lieutenant général

RAMORINO.

On verra par la lettre qui suit, écrite huit années plus tard, quelles sont les relations qui n'ont cessé d'exister entre le jeune officier et son général.

Mon cher Victor,

Je suis arrivé hier au café de Foy une dixaine de minutes après que vous en étiez sorti, j'espérais arriver assez à temps non pour déjeuner avec vous, mais pour prendre mon café avec vous.

Faites moi l'amitié dans vos courses de ce jour de passer à l'Ambassade, chez le consul, lui faire viser ma procuration, et après qu'il l'aura visée, lui faire viser le passeport de mon frère, soit par lui soit par l'Ambassadeur: si on fesait quelques difficultés à cause du nom homonyme du mien vous les secourez à votre mode.

En même temps c'est-à-dire après le visa vous aurez la bonté de vous informer si on a reçu à l'Ambassade l'ordre de signer le passeport au général Ramorino ainsi que Mazarredo [1] a dit qu'on ferait. Au reste vous ne ferez cette question qu'autant que vous trouverez la chose convenable. Tout à vous

le général RAMORINO.

C'est en quittant le général Ramorino que M. d'Equevilley fut placé dans le plus beau régiment de cavalerie de l'armée Espagnole, le Régiment privilégié du Roi, premier cavalerie de Ligne et le seul régiment de cuirassiers de l'armée Espagnole.

Brevet de S. lieutenant au Régiment du Roi 1er. Cavalerie de ligne.

La Reine Doña Isabelle seconde et en son nom Doña Maria Cristina de Bourbon, Régente et Gouvernante du Royaume.

Attendu qu'il se trouve vacant un emploi de S. lieutenant dans la troisième compagnie du Régiment cavalerie du Roi premier de ligne, par la promotion à un emploi supérieur de Don Mariano Vallejo, j'ai daigné nommer pour le remplacer Don Victor Vincent d'Equevilley lieutenant procédant des corps francs. (Chasseurs à cheval d'Alava.)

---

[1] Le général Mazarredo ancien ministre de la guerre était capitaine général de Madrid en décembre 1844. Le général Ramorino crut devoir lui attribuer en partie la responsabilité de l'acte arbitraire dont il avait été victime à cette époque: Lorsque dix huit mois plus tard il apprit l'arrivée à Paris du général Mazarredo il chargea M. M. de Rochetaine et d'Equevilley de lui demander satisfaction. Ces deux messieurs par leur modération parvinrent à empêcher une rencontre et à réconcilier les deux illustres généraux.

J'ordonne donc au capitaine général ou commandant général à qui il appartiendra, qu'après avoir fait prêter serment à la Constitution au dit Don Victor Vincent d'Equevilley, dans le cas où il ne l'aurait pas encore fait, qu'il le mette en possession du dit emploi en lui gardant et faisant garder les prééminences et privilèges qui lui appartiennent et doivent lui être gardés. J'ordonne également à l'Intendant ou Ordonnateur à qui il appartiendra, de donner l'ordre nécessaire pour qu'il soit pris dans ses bureaux connaissance de ce brevet, pour y statuer sur la solde à laquelle il a droit d'après le dernier réglement, et dont il devra jouir à partir du jour où ce brevet aura reçu le visa du Capitaine général ou Commandant général comme ce sera constaté par la première revue.

Donné au Palais le vingt huit Octobre mil huit cent trente huit.

Moi La Reine Régente.

François Hubert.

Votre Majesté nomme s. lieutenant du Régiment cavalerie du Roi premier de ligne Don Victor Vincent d'Equevilley.

Capitainerie Générale de Valence 16 Novembre 1838.

Que l'on exécute les ordres de Sa Majesté

Le général en second

Narciso Lopez.

Intendance militaire de l'armée du Centre.

Valence 21 Juin 1839.

Que l'on en prenne connaissance dans l'Intendance de cette armée.

JULIAN VELARDE.

J'en ai pris connaissance

ANTONIO MONTENEGRO.

Inspection générale de Cavalerie.

Le seigneur secrétaire par intérim du département de la guerre, sous la date du 28 Octobre dernier, me dit ce qui suit:

„Très-excellent seigneur. — S. M. la reine régente a daigné approuver la proposition faite par V. E., et, en vertu de cette proposition, elle nomme sous-lieutenant du Régiment de cavalerie du Roi premier de ligne Don Victor Vincent d'Equevilley lieutenant procédant des corps francs."

Je vous le fais savoir pour votre intelligence, et afin qu'après vous être chargé des individus du Régiment auquel vous appartenez, qui se trouvent dans cette capitale, vous soyez prêt à vous rendre à Valence à la première occasion opportune. Dieu vous garde beaucoup d'années.

Madrid 5 Novembre 1838.

VALENTIN FERRAS.

A Don Victor Vincent d'Equevilley sous-lieutenant du Régiment du Roi premier de ligne.

Régiment cavalerie du Roi premier de ligne.

Le sous-lieutenant Don Victor Vincent d'Equevilley: Son âge, quand il a commencé à servir, 19 ans; son pays, Marnay; sa qualité, noble; sa santé, robuste; ses services et circonstances, comme il est dit plus bas.

Campagnes et actions de Guerre où il s'est trouvé.

1835. Le 16 Juillet, se trouvant aux ordres immédiats du maréchal de camp Don Juan Tello, il concourut à la bataille de Mendigorria; comme agrégé à l'état-major de la première division, il prêta le service de sa classe avec valeur et à la satisfaction du dit général qui lui confia le soin des blessés qui résultèrent de la prise par assaut du village de Mendigorria. Dans cette bataille il eut son cheval tué.

Le 8 Août il se trouvait à l'affaire de los Arcos, dans la division du brigadier Don Narciso Lopez.

1836. Toute l'année il a fait partie avec son escadron de l'armée du Nord.

1837. id. id.

1838. Il fait partie de l'armée du Nord jusqu'au 28 Octobre ou par décret royal de cette date il passa de la classe de lieutenant de corps-francs, chasseurs à cheval d'Alava, comme sous-lieutenant du régiment cavalerie du roi 1ᵉʳ de ligne.

Le 2 Décembre, il se trouvait à la bataille de Cheste, et pour le mérite qu'il y contracta, il fut proposé pour la croix de Saint-Ferdinand par le maréchal de camp don Narciso Lopez.

1839. Le 22 et le 23 Janvier, il se trouvait au siège de Montan.

Le 6 Avril à la reconnaissance sur Segura.

Le 23 Mai, il assistait à la bataille donnée sur les hauteurs d'Utrillas.

Le 2 Juin, il se trouvait à la bataille donnée pour faire lever le siège de Montalban.

Le 11 Juin, il se trouvait dans les champs de la Hos, au moment de retirer la garnison de Montalban et de démanteler son fort.

Cette feuille de services a été formée en vertu des certificats (qui ont été rendus à l'intéressé) des généraux et chefs dont il est fait mention.

Signé CORTES.

C'est une copie de l'original, ce que je certifie comme lieutenant-colonel-major dudit régiment.

Jativa, 8 Décembre 1839.

Signé CORTES.

La signature et rubrique qui précède est propre du colonel lieutenant-colonel-major du régiment cavalerie du roi, 1er de ligne, don Manuel Cortes, ce que je certifie comme commissaire des guerres des armées nationales, destiné a cette place.

Valence, vingt-sept Janvier mil huit cent quarante.

JOSE EUGENIO O'RONAN.

(Sceau du commissaire.)

Vu au consulat de France pour légalisation de la signature ci-dessus de M. Joseph Eugène O'Ronan, commissaire des guerres en cette ville, à laquelle toute foi doit être ajoutée.

Valence, le vingt-sept Janvier mil huit cent quarante.

Le consul de France.
Signé THÉODORE PICHON.

(Sceau du consulat.)

Au mois de Septembre 1840, à la suite des évènements de Barcelonne et de Valence S. M. la reine Régente ayant quitté l'Espagne M. d'Equevilley fut au nombre des officiers qui la suivirent en France; il l'accompagna à Paris où comme on va le voir il avait souvent l'honneur d'être admis à lui faire sa cour.

Lettres d'audience de la Reine.

Monsieur le Vicomte,

D'après la demande que vous avez eu la bonté de m'adresser ces jours passés, j'ai obtenu de S. M. la Reine D⁎ Maria Cristina de Bourbon que vous soyez admis à lui presenter vos hommages aujourd'hui à quatre heures de l'après-midi. Je profite de cette occasion pour me dire votre tout affectueux serviteur qui baise vos mains.

Palais Royal 21 Mai 1841.

L. PARADELA.

A M. le Vicomte Don Victor Vincent d'Equevilley.

Mon cher Monsieur, S. M. a signalé le jour de demain premier Juin à cinq heures de l'après-midi pour recevoir les personnes qui ont demandé à la complimenter; comme

142

vous êtes du nombre, je vous en préviens pour votre gou-
verne et mettant à votre disposition votre très affectueux
serviteur qui baise vos mains.

Paris 31 Mai 1841.

L. Paradela.

A M. le Vicomte d'Equevilley.

Monsieur le Vicomte d'Equevilley sera reçu par S. M.
la Reine mère d'Espagne le lundi 4 Octobre a deux heures
et demie de l'après-midi.

Paris 2 Octobre 1841.

Le Gentilhomme de service

L. Paradela.

*Le lendemain de cette audience particulière M. d'Eque-
villey partait pour Bayonne afin d'aller rejoindre le général O'Donell à Pamplune. A son arrivée à Bayonne il
avait écrit à son ancien camarade le colonel Contreras
qui commandait la cavalerie et qui s'était empressé de lui
répondre la lettre qu'on va lire.*

*Le Colonel Don Juan Contreras [1] à Don Victor
d'Equevilley.*

Echaurie, 15 Octobre 1841.

Mon distingué ami, j'ai reçu votre appréciable datée de Bayonne, le 10 courant. Sorti subitement du

---

[1] M. Don Juan Contreras ancien capitaine de la compagnie de
tirailleurs du régiment cavalerie du roi, un des plus brillants
officiers de cavalerie de l'armée Espagnole, est officier général
depuis 1843.

régiment du roi où j'ai eu l'honneur de servir avec vous, j'ignorais que vous fussiez en France. Comme les bons services que vous pouvez prêter à la juste cause que nous défendons me sont connus, je suis sur que vous serez acceuilli par son Excellence Monsieur le Général O'Donell. Soyez assuré que je contribuerai par tous mes efforts pour que vous soyez incorporé à la force de cavalerie qui opère sous mes ordres. Dans ce cas, il est facile que vous obteniez l'emploi de Capitaine qui à justes titres vous correspond. Le point où vous pouvez vous diriger est Vittoria et là on vous informera où se trouve le quartier général. Je désire que vous puissiez réaliser votre projet, et vous pouvez compter sur l'affection qu'aura toujours pour vous votre ami qui baise vos mains.

Juan Contreras,

colonel, lieutenant colonel surnuméraire du
régiment de cavalerie premier léger.

Don Diego de Leon venait d'être fusillé à Madrid, Montes de Oca, Borso, Boria et tant d'autres braves allaient subir le même sort pour prix de leur fidélité. Le Général O'Donell fut forcé de rentrer en France avec ceux qui avaient suivi le même drapeau que lui et furent assez heureux pour échapper à la terrible vengeance des vainqueurs. M. d'Equevilley revint à Paris avec les chefs de la nouvelle émigration.

Le Colonel Don L. M. Serrano à d'Equevilley, d'Orléans à Paris.

Orléans 23 Mars 1842.

Cher Victor, j'ai eu le plaisir de recevoir ton appréciable lettre ainsi que les cigarres qui sont excellents, je t'en remercie bien cordialement et n'ai qu'un regret c'est de ne pas pouvoir te prouver de suite toute ma reconnaissance.

J'aurai le plus grand plaisir que d'après ta promesse tu viennes passer quelques jours avec moi; n'y manque pas car la campagne est charmante et je suis sur que tu y trouveras quelques instants de distraction. Je viens de changer de logement et suis maintenant rue Petit soulier N.º 2 où tu trouveras un appartement pour nous deux seuls.

Je ne te promets pas un excellent diner mais un bon pot au feu à l'Espagnole et une bouteille de vin du Loiret.

Mes amitiés aux camarades et toi dispose de la singulière affection de ton meilleur ami.

L. M. SERRANO.

Don Jose de Estremera officier supérieur au premier régiment d'Infanterie de la garde à d'Equevilley; de Condom à Pantin près Paris.

Condom 25 Mai 1842.

Cher Victor, je viens d'apprendre par hasard où tu te trouves et désirant avoir de tes nouvelles en t'en donnant des miennes je t'écris quelques lignes seulement; peu certain que je suis que ma lettre te parvienne.

Compromis dans les évènements d'Octobre de l'année

dernière, j'ai été forcé pour échapper à la mort de quitter l'Espagne, et de me réfugier en France avec le Général O'Donell au quartier général duquel j'ai toujours appartenu depuis le commencement de l'affaire dans la citadelle de Pamplune. Après un mois de séjour à Bayonne, je suis venu dans cette ville pour m'y incorporer et suivre la fortune des officiers de mon régiment qui, déjà depuis quelque temps sont dans ce dépôt.

Adieu cher, je me réserve pour une autre fois de t'écrire plus longuement, en attendant dispose de l'affection de ton plus dévoué.

JOSE DE ESTREMERA,

Lettre de Monsieur le Chevalier de Zea Bermudez ancien Ambassadeur ancien président du conseil des Ministres.

Monsieur le Vicomte,

Je me suis empressé de faire parvenir à la connaissance de Sa Majesté la Reine Marie Christine, le désir que vous m'aviez témoigné d'être admis à lui offrir vos repectueux hommages avant votre départ. Je viens d'apprendre en ce moment que Sa Majesté, par suite de la douloureuse nouvelle de la mort de son auguste frère S. A. R. le comte de Lecce, ne recevra personne avant le 1er Février, jour auquel il vous sera loisible de vous présenter au palais de Courcelles, si vous êtes encore à Paris.

Veuillez agréer, Monsieur le Vicomte, la nouvelle expression de mes sentiments très distingués.

Ce 28 Janvier 1843.

F. DE ZEA BERMUDEZ.

A Mr le Vicomte Victor d'Equevilley.

146

Le 2 Février, lendemain de l'audience de S. M. — M. d'Equevilley allait s'embarquer à Southampton pour le Portugal où il arrivait porteur de lettres d'introduction pour les Ministres, les généraux, les députés. [1] Pendant son séjour à Lisbonne, il sut mériter les symphaties de tout ce que cette ville renferme d'hommes distingués par le talent, la naissance et la fortune; aussi fut-il nommé membre de l'Assemblée Lisbonnaise ou se réunissaient toutes les illustrations du pays.

Très illustre et très excellent seigneur, [2]

J'ai l'honneur d'informer votre Excellence, que d'après la proposition de notre sociétaire le très illustre seigneur Manoel Jose Sarrea Tavares Garfias, Votre Excellence a été nommée membre extraordinaire de cette Assemblée, et par les statuts dont je vous remets ci-joint un exem-

---

[1] M. le maréchal Saldanha venait de quitter Lisbonne pour se rendre à Vienne où il avait été nommé Ambassadeur, M. d'Equevilley ne put lui remettre la lettre suivante du vénérable fondadeur de la revue encyclopédique.

Paris 31 Janvier 1843.

Monsieur le Maréchal,

Je profite, pour me rappeler à votre bon souvenir, de l'occasion que m'offre un de mes honorables compatriotes, qui a déjà eu l'honneur de vous être présenté, M. le Capitaine Victor d'Equevilley. Il se rend en Portugal, où l'appellent des affaires importantes. Je lui confie plusieurs ouvrages pour l'Académie de Lisbonne, dont je m'honore d'être un des membres correspondant.

Agréez, Monsieur le Maréchal, l'assurance nouvelle de ma considération la plus distinguée.

JULLIEN DE PARIS.

A M. le maréchal Saldanha à Lisbonne.

[2] L'original est en Portugais.

plaire; vous pourrez prendre connaissance des réglements et des devoirs des sociétaires.

Dieu garde votre Excellence.

Salle de direction de l'Assemblée Lisbonnaise le 17 Mars 1843.

Le secrétaire
ANTONIO FERREIRA DE LIMAS.

M. le Vicomte d'Equevilley.

Dans les premiers jours de juin au moment ou Narvaez, Oribe, Cordova, Serrano, et Contreras débarquaient à Valence, M. d'Equevilley, se jettait, avec les quelques officiers qui se trouvaient avec lui en Portugal, dans la place de Badajos, qui hésitait encore à adhérer au soulèvement qui avait pour but de renverser la dictature du général Espartero.

État major de la Place de Badajos.

Copie. — Première section.

De l'ordre du commandant général, Votre seigneurie admettra dans le dépôt de cette place et à ses ordres. M. M. Le Capitaine de Cavalerie Don Victor d'Equevilley, le lieutenant de la même arme Don Augusto Carpentie et le sous-lieutenant d'Infanterie Don Antonio Arioni.

Dieu garde à votre seigneurie beaucoup d'années.

Badajos, 2 Août 1843.

Le Colonel chef d'état major,
JOSE DE SENTIMENTAT.

(Il y a un sceau.)

A Monsieur le Colonel Commandant le dépôt de cette place.

Cette copie est conforme à l'original que je garde en mon pouvoir.

Le colonel chef du dépôt,

Juaquin del Mansano.

Vu bon, le commissaire des guerres du dépôt,

Marcos Camiña.

Junte de Gouvernement de la Province de Badajos.

Don Jose Pacheco y Gragera, commandeur de l'ordre Américain d'Isabelle la Catholique, Chevalier de l'ordre Royal et militaire de Saint-Hermengilde, déclaré ayant bien mérité de la patrie pour le troisième siège de l'invincible Bilbao, décoré de plusieurs croix pour actions de guerre, général de Brigade d'Infanterie, premier chef effectif du Régiment Provincial de Cacères, 11ᵉ de réserve, Commandant général par interim des armes de cette province et président de la junte de salut de la même.

Je certifie que le vingt juin passé Don Victor d'Equevilley, capitaine de cavalerie, procédant de Portugal où il était émigré du résultat des évènements politiques, se présenta dans cette place, offrant ses services pour soutenir le glorieux soulèvement national, services que la junte s'empressa d'accepter, et pour que l'intéressé puisse le faire constater devant le gouvernement de la nation, on lui délivre le présent à Badajos, le neuf Août mil huit cent quarante trois.

Jose Pacheco y Gragera.

Le secrétaire ayant voix

Jose Alvarez del Valle.

Vú pour légalisation, le commissaire des guerres de la place,

Marcos Camiña.

Gouvernement Militaire de la Place de Madrid.

Son Excellence le capitaine général de cette province, sous la date du 16 Novembre, me dit ce qui suit:

Très-excellent seigneur. — S. E. M. le ministre de la guerre, en date du 9 courant, me dit ce qui suit.

Le gouvernement provisoire, après avoir pris connaissance de la pétition faite par Don Victor d'Equevilley, lieutenant de cavalerie, a daigné lui accorder le grade de capitaine des milices provinciales sans ancienneté, pour le mérite qu'il a contracté dans le soulèvement national, se présentant à la junte de Badajoz, qui accepta ses services. De l'ordre du gouvernement, je le dis à V. E., pour qu'elle n'en ignore, en attendant qu'on délivre à l'intéressé son brevet royal, auquel V. E., fera joindre la première pétition faite le 23 Août dernier. Je le fais savoir à V. E. pour qu'elle veuille bien le communiquer à l'intéressé. — Et moi je vous l'apprends pour votre connaissance et votre satisfaction.

Dieu vous garde beaucoup d'années.

Madrid, 4 Décembre 1843.

FERNANDO FERNANDEZ DE CORDOVA.

Seigneur Don Victor d'Equevilley, capitaine gradé des milices provinciales.

État-Major du Premier District Militaire.

Première Section.

Monsieur le sous-secrétaire d'Etat de la guerre, en date du 31 Décembre dernier, me dit ce qui suit:

„Très-excellent seigneur. — Par ordre royal communiqué par M. le ministre de la guerre, et conformément avec ce qui a été résolu et manifesté à V. E. le 9 Novembre dernier, je vous remets pour les effets correspondants le royal brevet de capitaine gradé des milices provinciales, délivré en faveur de Don Victor d'Equevilley, ex-lieutenant de cavalerie."

Je vous le communique pour votre intelligence et satisfaction, et vous remets votre royal brevet.

Dieu vous garde beaucoup d'années.

Madrid, 4 Janvier 1844.

RAMON NARVAEZ.

Seigneur Don Victor d'Equevilley, capitaine gradé des milices provinciales.

Brevet de Capitaine.

Doña Isabelle seconde, par la grâce de Dieu et par la constitution de la Monarchie espagnole, reine des Espagnes.

Attendu les mérites et les services de vous, Don Victor d'Equevilley, qui étiez lieutenant de cavalerie, et eu égard à vos services particuliers dans le soulèvement national, j'ai daigné vous accorder, d'après la résolution du 9 Novembre dernier, le grade de capitaine de milices provinciales, sans ancienneté.

J'ordonne donc aux capitaines généraux, gouverneurs des armes et autres chefs supérieurs et inférieurs, officiers et soldats de mes armées, qu'après vous avoir fait prêter serment à la constitution, si vous ne l'avez pas encore fait, ils vous aient et reconnaisent pour tel, capitaine gradé des milices provinciales, et vous gardent et fassent garder les honneurs, grâces, prééminences et exemptions qui, en raison de ce grade, vous appartiennent et doivent vous être bien et justement gardés; et que l'intendant militaire du district ou de l'armée où vous irez servir, donne l'ordre convenable, pour que l'on prenne note de ce grade dans la chambre des comptes ou intervention.

Donné au Palais, le 22 Décembre 1843.

MOI LA REINE.

Manuel de Mazarredo.

V. M. accorde le grade de capitaine de milices provinciales à Don Victor d'Equevilley.

Madrid, 4 Janvier 1844.

Que l'on exécute ce que S. M. ordonne.

RAMON M. NARVAEZ.

Ordre Royal et militaire de Saint-Ferdinand.

Doña Isabelle seconde par la grâce de dieu et par la constitution de la monarchie espagnole Reine des Espagnes.

En conséquence de ce qui a été prévenu dans le réglement du dix Juillet mil huit cent quinze de l'Ordre Royal et militaire de Saint-Ferdinand, et en considération du mérite distingué que vous Don Victor Vincent d'Equevilley, Vicomte d'Equevilley, avez contracté à la bataille de Cheste qui a eu lieu le deux Décembre mil huit cent trente huit, étant s. lieutenant du Régiment Cavalerie du Roi premier de Ligne.

J'ai daigné vous accorder la croix de première classe de l'ordre royal et militaire de Saint-Ferdinand: j'ordonne donc aux capitaines généraux, gouverneurs des places et autres chefs, officiers et soldats de mes armées et de ma

152

flotte, aux tribunaux, juges, autorités, commissaires ordonnateurs et des guerres, à toutes autres personnes de toutes classes, privilèges ou conditions, qu'elles vous aient et respectent comme tel, Chevalier de Première classe du dit Royal et militaire ordre. Je veux donc qu'on vous garde toutes les prérogatives et toutes lès distinctions qui doivent vous être gardées d'après cette grâce Royale. J'ordonne aussi au Capitaine général, gouverneur ou commandant de l'armée ou vous servez, qu'il vous place la dite croix de Saint-Ferdinand avec toutes les formalités voulues, et après vous avoir fait prêter serment à la Constitution comme le prescrit cette Royale Cédule signée par moi, et contresignée par mon secrétaire d'état au département de la guerre.

Donné au Palais le vingt Mars mil huit cent quarante sept.

MOI LA REINE.

Marcelino Oraa.

Votre Majesté nomme Chevalier de première classe de l'ordre Royal et militaire de Saint-Ferdinand, Don Victor Vincent d'Equevilley.

A Son Excellence Monsieur le Duc Dahumada Inspecteur général de la garde civile.

Mon général; le Vicomte d'Equevilley, capitaine en situation de remplacement, mon compagnon de campagne, dont les bons services durant la guerre sont tels, que je prends la liberté de vous le recommander, dans le but, si vous le trouvez bon, de vouloir bien le proposer pour un des emplois vacants qui se trouvent sous mon commandement. Cet officier a eu l'honneur de servir sous vos ordres, et c'est avec plaisir qu'il me l'a rappoló en me manifestant son désir d'appartenir à la garde. Son éducation et sa position sociale, appartenant à une famille distinguée de France que j'ai l'honneur de connaitre, lui font posséder plusieurs langues; avantages qui lui faciliteront de pouvoir apprendre en peu de temps la langue Basque.

J'ai l'honneur d'être, avec la plus grande considération, votre très affectueux subordonné qui baise vos mains.

Somosierra 22 Novembre 1844.

Luis M. Serrano.

Lettre de M. le Duc de la Roca Majordome Major de S. M.

Sa Majesté la reine, ma maitresse, a daigné vous accorder l'audience que vous avez demandée, et elle a désigné à cet effet, le 20 du courant, à cinq heures et demie de l'après-midi.

Dieu vous garde beaucoup d'années.

Palais, 19 Décembre 1844.

Le duc de la Roca.

M. le Vicomte Victor d'Equevilley de Montjustin.

Lettre d'invitation au nom de S. M.

Le Majordome major de S. M. la Reine mère a l'honneur de vous informer, par son ordre, que vous êtes invité à passer la soirée du 29 Avril dans sa royale possession de Vista-Alegre, depuis quatre heures en avant.

Palais — Avril 1845.

M. le Vicomte d'Equevilley.

M. d'Equevilley revint en France au commencement de 1845; il arriva à Paris le 6 Janvier, le duel dont il fut la véritable victime eut lieu le 11 Mars.

Le 6 Avril il repartit pour l'Espagne et revint en France l'année suivante pour le procès de Rouen qui eut lieu à la fin de Mars 1846. Comme on le verra dans la troisième partie de ces pièces justificatives, il prolongea son séjour à Paris pour répondre aux calomnies et aux calomniateurs, qui commencèrent à se faire jour à la suite de ce procès.

L'Espagne était tranquille alors, la paix la plus profonde régnait dans toutes les provinces de la Péninsule : M. d'Equevilley qui venait de cesser de faire partie de l'armée active, saisit avec empressement et reconnaissance l'occasion que lui offrit un viel ami de son père le digne général Donnadieu, pour employer son activité et sa jeunesse d'une manière aussi honorable qu'utile.

Le 6 Juin il partit pour Turin et pour Venise, où il fut envoyé par M. d'Equevilley son père, et par M. le général Donnadieu, pour des affaires particulières entièrement étrangères à la politique. Après un court séjour à Venise, ou il reçut l'acceuil le plus bienveillant, il revint en Savoie pour y attendre le général Donnadieu, qu'il devait accompagner à Turin, et dans l'Ile de Sardaigne pour y prendre connaissance des terrains dont S. M. le roi Charles Albert lui avait fait promettre la concession.

M. d'Equevilley père à son fils, de Jussey à Chambéry.

Jussey le 20 Juillet 1846.

Je m'empresse, mon cher Victor, de répondre à ta lettre du 21 courant.

J'ai reçu plusieurs lettres du général où il me parle de ton voyage, je désire bien qu'il te soit profitable.

...... Quant à cette concession de six mille hectares de terre dont me parle le général, je ne peux pas m'y engager; je suis trop vieux pour une pareille entreprise, qui nécessiterait beaucoup de temps et beaucoup d'argent.

Si ce n'était pas si éloigné d'ici, je partirais pour examiner les lieux et voir le parti réel qu'on pourrait en tirer.

Le général s'occupe de trouver des personnes pour réaliser cette affaire: je désire qu'il réussisse, qu'il soit plus heureux; je l'aime bien davantage en raison de l'intérêt qu'il te porte. Je suis fort aise que le roi lui témoigne tout l'intérêt qu'il mérite, car en France nous ne sommes pas dans le règne des braves et honnêtes gens: je lui écris par ce même courrier.

Tu n'es pas éloigné de la famille Mongenet; tu sais que le père de Gaspart a bien mené sa barque; il pourrait te renseigner sur cette grande affaire, qui pourrait lui convenir à cause de sa nombreuse famille et de sa fortune. Voici son adresse: à Pont-St.-Martin par Douar en Piémont.

J'ai beaucoup connu monsieur le prince de Carignan-Savoie, parent de M. le prince de Bauffremont, il était colonel du 6ᵉ régiment de Hussards en garnison à Vesoul, où se trouvait aussi le jeune prince de Bauffremont, auquel je t'ai présenté à Paris et qui est Aide-de-camp du prince que tu connais. Je crois que c'est ce même prince de Carignan qui est maintenant roi de Sardaigne; il doit être à peu près de mon âge, grand et beau cavalier: si tu as l'honneur de lui être présenté rappelle moi à son souvenir. Quant au neveu de mon viel ami M. de Roussy s'il ressemble à Monsieur son oncle tu n'auras jamais fait une meilleure connaissance. Il était capitaine au 9ᵉ Dragon en

1814 lors du blocus de Besançon, et fut un des premiers à servir le Roi; il est passé aux grenadiers à cheval et de là lieutenant colonel au 2ᵉ Carabiniers; depuis nous nous sommes perdus de vue; s'il est encore de ce monde prie son neveu de ne pas m'oublier près de lui. Où est ce temps là? ... *Il y aurait moins de distance entre ton vieux père et toi .....* il faut se résigner et tout attendre de la divine providence. Je t'embrasse comme je t'aime

V. d'Equevilley.

P. S.

J'oubliais de te dire que l'on tripote ici les élections d'une manière dégoûtante: les chances sont toujours pour le petit duc de Marmier.

Lettres de M. le lieutenant Général Vicomte Donnadieu à Victor d'Equevilley.

De Courbevoie près Paris le 22 Août 1846
à Aix en Savoie.

J'espère, mon cher d'Equevilley, suivre de près cette lettre, en faisant ces jours-ci toute diligence auprès des capitalistes qui pensent fournir les fonds pour l'exploitation de cette concession. S'ils ne se prêtent pas à finir de suite cette négociation, je me mettrai comme je vous le dis en chemin, et je serai en trois jours à Chambéry ou à Aix si vous y êtes encore.

A vos nobles et bons sentiments d'attachement je dois répondre ceci: j'ai eu tant de tribulations dans ma vie, ma destinée pour avoir voulu rester homme de bien au sein de toutes nos tempêtes politiques, a été tellement terrible et douloureuse, que je ne voudrais jamais dans ce qui me reste à vivre associer même mon plus cruel ennemi à ma fatale destinée, à plus forte raison vous devez bien le penser, le seul homme de coeur véritablement dévoué comme vous l'êtes, à prendre part à un sort comme le mien. Car mon existence n'ayant été qu'une suite continuelle de déceptions, est-ce vous, vous à votre âge, jeune comme vous l'êtes et plein d'une belle valeur, que je voudrais lier à de pareilles chances.

Voilà, mon ami, ce que je dois répondre à votre si généreuse lettre.

Oui, j'irai à Turin dans peu de jours; je l'ai annoncé au ministre du roi Monsieur de Villamarina, je ferai ce que je dois dans cette circonstance pour répondre au bon et digne vouloir de ce monarque. Mais n'allez pas croire que je croye que ma destinée change, non, j'ai perdu depuis long-temps toute confiance. Qui sait si d'ici on ne trouvera pas mauvais que ce prince m'accueille dans ses états, qu'il fasse quelque chose pour moi; si on ne le lui fera pas comprendre d'une manière ou d'une autre. J'ai vu le grand empereur de Russie, le grand et superbe Nicolas, reculer en présence d'une semblable pensée.

Ainsi, mon cher d'Equevilley, vous voyez que je ne me fais pas illusion, et que pour rien au monde je ne voudrais que vous tombassiez vous-même dans ce champ d'espérances trompées . . . .

. . . . Voilà des faits, mon ami, qui doivent vous expliquer qu'elle a été et qu'elle est ma déplorable destinée. Et pourquoi est-elle ainsi? Parceque dans un temps de générale couardise comme celui qui règne en Europe, un homme de cœur fait peur à tout le monde, et partout on le signale comme dangereux.

Avisez maintenant pour vous dans cette association de destinée que vous me proposez, dans cet abandon généreux de vos intérêts. Vous pensez à cette lueur qui apparait de l'autre côté des Alpes, que le ciel va s'éclaircir pour moi, vous vous laissez entrainer par cette analogie de sentiments que vous trouvez dans votre cœur, en harmonie avec ceux qui ont dirigé ma vie. Mais voyez bien ce qui en est résulté pour moi, pour être par ce fait, en entier désaccord avec le siècle où je vis, avec cet état honteux de dégénération de toute nature, et cela dans toute l'étendue de l'échelle sociale, Rois comme Peuples.

Ainsi, mon cher ami, réfléchissez bien, je serai comme je vous le dis, dans très peu de temps au pied des Alpes: si telles sont vos volontés, attendez moi à Chambéry ou à Aix et nous passerons ces monts ensemble. Sinon, si vous croyez qu'il vaut mieux aller retrouver votre si digne et si excellent père, allez y, mon ami, pour attendre des temps plus heureux, si toutefois ils peuvent ressortir d'une aussi abominable dissolution.

Laissez à la poste de Chambéry un billet qui m'indiquera ou vous êtes. Il y avait autrefois dans cette ville un bon hôtel près de l'Eglise, c'est là que je m'arrêterai; ensuite, vous aurez peut-être encore le temps de m'adresser ici un mot me disant votre dernière résolution.

A vous donc mon jeune et noble ami

Général Donnadieu.

Lundi 31 Août 1846, de Courbevoie à Chambéry.

Samedi ou dimanche prochain, je serai en malle poste, mon cher d'Equevilley, pour vous aller joindre à Chambéry. Il y a sans doute des voitures qui font la course de Chambéry à Turin; assurez vous que nous puissions partir après 24 heures de séjour. J'emmène mon domestique avec moi.

Adieu donc, mon jeune ami, à bientôt, vous qui voulez vous associer à un sort si peu prospère, à vous donc.

Général DONNADIEU.

Ce vendredi 11 Septembre 1846, de Courbevoie à Chambéry.

A l'instant, mon cher d'Equevilley, je reçois une lettre du comte de Bo... que vous avez vu à Venise, qui me prévient qu'il arrive et qu'il a quelque chose d'important à me dire; cet avis me force à suspendre mon départ; mes malles, mes paquets, les places arrêtées et payées pour après demain 13, obligé de tout suspendre.

Je m'empresse de vous prévenir de ceci, mon cher d'Equevilley, pour que vous ne soyez incertain sur rien de ce qui peut vous convenir. Je vous ai déjà dit que je voulais avant toute chose, qu'en rien et pour rien je ne voulais que vous fissiez le sacrifice de ce qui vous est propre, aux nécessités qui gouvernent ma vie. Si là où vous êtes vous voulez encore attendre quelques jours sans que cela vous gène en aucune façon, restez y; sinon revenez ici, ou rendez vous auprès de votre si bon et si excellent père; tout ce que vous croirez convenable à votre bonheur et à votre

160

fortune faites le, je l'accepte de toute mon âme en y prenant la plus vive part.

Si vous restez et que vous croyiez pouvoir faire une course rapide à Turin, vous pourriez tout proposer et même tout faire d'avance, des pleins pouvoirs, s'ils étaient nécessaires, je vous les enverrais pour vous faire délivrer la concession. Voyez, jugez, sans doute je vais attendre, quelques jours encore l'arrivée du comte de Bo...

A l'instant M. d'Horbourg arrive chez moi. Votre ami me dit qu'il vous a écrit trois lettres auxquelles vous n'avez pas répondu; qu'il vous a instruit de ce que lui avait dit le juge instructeur sur cette nouvelle poursuite pour votre affaire; que ce que ce juge lui avait dit n'avait pas le sens commun, ainsi que les autres questions qu'il avait fait à vos amis sur ce procès: et moi je pense que cette perquisition chez vous, cette recherche dans vos papiers avait un autre but. Vous avez été à Venise, vous avez vu ce jeune prince; on l'a su, car on doit savoir tout ce qui aboutit auprès de ce reste de l'antique état de chose: On se sera imaginé que c'était une grande affaire politique. On a su sans doute également, que je vous connaissais, que vous veniez me voir; il en a fallu bien moins que cela, pour aller bien vite visiter vos papiers; savoir si l'on ne trouverait pas mon nom lié à quelque grande conjuration. Tel peut être la raison positive de ce retour prétendu de ce procès. Qui sait si les lettres que je vous écris vous parviennent intactes, heureusement ils verront ces braves gens de quel complot nous nous occupons.

Voyez, mon jeune ami, ce que, pour le moment, en raison de cette suspension de mon départ, vous avez à faire:

si vous devez aller voir de nouveau M. de Villamarina à Turin, ou attendre, si toutefois cette prolongation de séjour en Savoie, ne vous fatigue.

J'ai un ami dans cette province, qui est aussi l'ami du roi Albert, c'est le marquis de Sale, le dernier ambassadeur de Sardaigne à Paris. Vous pourriez l'aller voir de ma part dans sa terre près d'Anneci, il vous serait utile et agréable en toute chose. Mille amitiés.

Général DONNADIEU.

P. S.

M. de Villamarina me dit d'aller choisir le terrain qui me conviendrait en Sardaigne: mais je m'estimerais heureux que le Roi voulût bien ordonner que cette concession me fut faite de suite des six mille hectares de terre en Sardaigne, sur les points les plus propres à la culture; son choix vaudrait mieux que le mien. Jetez tout de suite un mot à la poste pour moi.

Du 13 Septembre.

Voici, mon cher d'Equevilley, une lettre que m'apporte Monsieur d'Horbourg qui vous expliquera la raison de cette visite chez vous.

Votre voyage, votre présence à Venise en a été le véritable motif.

C'est pour cela aussi, qu'en rentrant en France, quand arrivera ce jour, il faudra prendre vos précautions, car tout ce qu'il y a de plus simple au monde peut être fort mal interprété. Pour toutes choses du reste, je m'en réfère à ma lettre d'hier. Mille amitiés,

Général DONNADIEU.

Courbevoie 20 Septembre 1846.

J'ai reçu hier au soir, mon cher d'Equevilley, votre lettre du 16 courant datée de Chambéry. Je l'ai trouvée ici en arrivant de Paris, où j'ai du aller pour savoir le jour où l'on attendait le comte de Bou... l'on m'a dit à sa porte qu'on l'attendait à toutes les heures, dans la journée ou pour cette nuit dernière. Je viens d'envoyer mon domestique à Paris, savoir s'il est arrivé; si cela est j'aurai une entrevue demain avec lui, et vous écrirai de suite quelle sera ma résolution, de partir à la fin de la semaine pour vous aller prendre et galoper sur Turin, ou vous envoyer autorisation pour traiter notre grande affaire.

Tout se brouille sur l'horizon politique, ce double mariage met en émoi les trois royaumes d'Angleterre, d'Espagne et de France: les événements les plus graves semblent se préparer, ils apparaissent de tous côtés.

Dans cet état de choses, il faut que nous procédions avec rapidité dans la question qui nous occupe. Je suis fâché que vous n'ayiez pas pris immédiatement la détermination que je vous avais conseillée, de franchir de suite les Alpes, pour régler ou au moins proposer les conditions de cette concession; ce précédent nous aurait beaucoup aidé pour arriver de suite à la conclusion, et trouver après les capitaux nécessaires à l'exploitation. Enfin nous penserons à tout cela pour ce qu'il faut se mettre en mesure de faire de suite. Le bon et excellent marquis de Sale peut vous aider de ses conseils.

Certes, de la manière dont s'expriment les journaux Anglais, les événements peuvent arriver avec vitesse. Le comte de Montémolin échappé de Bourges, Cabrera en

Angleterre, Le Maroc, Tunis, ce sont des moyens dont le cabinet de Londres peut se servir à volonté et probablement ce qu'il ne manquera pas de faire si on rompt avec lui comme on semble décidé à le faire ici pour la conclusion du mariage Montpensier.

Vous voyez, mon cher d'Equevilley, qu'il faut avoir l'œil à tout, et peut-être, être présent à tout. À vous donc mon cher et excellent d'Equevilley.

Général Vicomte DONNADIEU.

Il faut pourtant que vous fassiez quelque attention à ce mandat d'amener qu'on a dit à l'allée des veuves avoir été décerné contre vous. J'en parlerai à votre ami M^r d'Horbourg qui m'a promis de revenir me voir.

Ensuite une réflexion qu'il faut que je vous fasse encore, mon jeune ami, c'est, dans ces événements qui semblent se préparer, ne pas agir avec trop de précipitation dans le jugement qu'il faut en porter, ce à quoi se laissent facilement aller les âmes ardentes; car depuis 16 années combien de fois les choses ont tourné tout autrement qu'on devait le croire, par la raison si puissante de l'exigence des intérêts matériels qui prévalent et dominent partout, dans les rapports des rois entre eux comme dans ceux des particuliers, et auxquels ils sont toujours prêts à sacrifier tout sentiment de gloire et d'honneur, comme tous les principes de justice et de morale publique. Voilà contre quoi les hommes de bien et de cœur doivent toujours, dans les temps où nous vivons, se tenir en garde dans les actions de leur vie. J'ai fait pour mon compte cette terrible et douloureuse expérience: c'est pour cela, mon cher d'Equevilley, que je dois vous donner ces conseils pour vous prémunir contre les entrainements de votre coeur .... attendre, bien attendre avant que d'agir.

L'affaire qui nous occupe est destinée à nous assurer le point de l'indépendance pour les jours à venir, pour les vôtres surtout qui doivent être longs; mettons à cela tous les soins qui dépendent de nous; profitons de la bienveillance de ce digne Monarque, qui seul peut-être de tous les rois est vraiment un prince pieux et essentiellement noble dans son caractère, pour obtenir ce qu'il a bien voulu me promettre par l'organe de son ministre; obtenons cette concession aux termes les meilleurs pour avoir les capitaux nécessaires à cette exploitation: voilà quel doit être notre unique soin pour l'instant, les événements, nous les verrons venir ensuite. Voyez cet excellent et si digne marquis de Sale, parlez lui de moi, il vous dirigera par ses bons avis.

A vous donc excellent et si bon et brave ami.

Général DONNADIEU.

De Courbevoie près Paris à Turin 26 Septembre 1846.

Voici, mon cher d'Equevilley, une lettre pour le ministre, monsieur Villamarina, qui, je l'espère, suffira pour que vous me remplaciez pour le moment, et fassiez toutes choses pour conduire à bonne fin cette concession. La copie de cette lettre, vous la trouverez ci-jointe, afin que vous sachiez bien quelle est votre position dans les rapports que vous allez avoir ......

...... C'est ici, mon cher d'Equevilley, dans une pareille négociation qu'il faut mettre de la tenue et de la gravité; tous vos pas, toutes vos paroles seront observés.

Ce qui se passera en Europe, c'est fort difficile à savoir: j'examine, j'écoute, j'observe; car il faut être très prudent après tant de déceptions et de mécomptes pour les gens de coeur. Quelles seront les suites de ce double mariage, après toutes ces insultes, ces menaces, ce frémissement général sur tout l'occident européen; qu'en arrivera-t-il, de gouvernement à gouvernement, des nations dans leur propre sein, et de nation à nation? C'est très difficile à deviner, car au fond des choses tout le monde a peur, l'Europe est devenue l'homme de verre de la Grèce, elle a peur de bouger dans la crainte de se casser.

Le gouvernement français fera tous ses efforts pour se faire pardonner ce semblant de courage; à tous prix il paiera ce mariage, pas de concessions nationales qu'il ne fasse pour l'acheter sans coup férir.

La France, je veux dire la nation bourgeoise, danse et chante, sans dieu et sans frein dans ses plaisirs, peu lui importe ce qu'on fait d'elle. L'inconnu de l'antiquité, nous, nous disons la Providence, qui, dans ses immuables décrets, sait avec le fil de soie le plus léger, soulever, renverser ou réédifier les empires; voilà ce qui peut d'un moment à l'autre disposer des nations et des rois.

Certainement, aussitôt ces affaires politiques un peu éclaircies, j'irai vous rejoindre; tenez moi bien au courant où vous prendre, où vous êtes et ce que vous faites: écrivez moi plutôt deux fois qu'une; à vous donc tendre et sincère amitié.

Général DONNADIEU.

*Copie d'une lettre du Lieutenant général Vicomte Donna-
dieu à Monsieur de Villamarina premier ministre de
S. M. le roi de Sardaigne.*

Excellence,

Une indisposition qui s'est assez prolongée, ensuite les
événements qui viennent d'agiter les cours de nos régions
occidentales, l'Espagne, la France, et l'Angleterre m'ont empêché, aussitôt que je l'aurais voulu, de franchir les Alpes,
pour aller traiter près de vous, de tout ce qui concerne
la concession que Sa Majesté a bien voulu me faire espérer
en Sardaigne.

En attendant le jour et l'heure, qui ne peuvent en ce
moment être éloignés, où je pourrai me mettre en voiture
pour faire ce voyage, remplir un devoir bien doux pour
mon coeur, d'exprimer à Sa Majesté ma profonde et respec-
tueuse gratitude, et à Votre Excellence mes sincères remerciments, je charge Monsieur le Vicomte d'Equevilley, qui
aura l'honneur de vous remettre la présente, de régler avec
vous toutes choses qui pourraient être les précédents de
l'acte définitif de concession de ces six mille hectares
de terre.

Je prends la liberté de demander à Votre Excellence
toute sa confiance pour Monsieur d'Equevilley dans cette
affaire comme pour moi-même; la connaissance de tous mes
sentiments comme de ma pensée lui étant parfaitement
acquise.

Dans cette confiance, que Votre Excellence veuille bien
acceuillir l'assurance de la très haute considération, avec la

quelle j'ai l'honneur d'être son très humble et très obéissant serviteur.

Le lieutenant Général Vicomte

DONNADIEU.

Le 14 Octobre, M. d'Equevilley quitta Turin après s'être acquitté de sa mission; il vint à Paris, pour en rendre compte au général que son état de santé avait empéché de se rendre lui-même en Piémont.

Après un séjour de 48 heures à Paris, M. d'Equevilley se rendit en Angleterre porteur des plus belles lettres de recommandation pour les plus hauts personnages de la Grande-Bretagne. Il ne put remettre à son adresse la lettre suivante, adressée à sa Grâce Milord Duc de Wellington qui n'était pas encore revenu de sa campagne à Londres.

Mylord,

Je prends la liberté de donner cette lettre d'introduction près de votre Grâce, à Monsieur le Vicomte d'Equevilley, qui désire se rendre en Asie pour trouver une noble issue à son courage; ce que l'Europe ne peut lui offrir. Au plus digne et loyal caractère, Monsieur d'Equevilley joint l'éducation la plus distinguée réunie aux plus beaux sentiments. Son désir particulier serait d'entrer au service de Sa Majesté la Reine de la Grande-Bretagne, ou de la compagnie des grandes Indes, dans les troupes employées dans cette partie du monde dépendante de l'Angleterre. Je vous proteste, Mylord, que ce serait une véritable acquisition que celle de cet officier, jeune, plein de valeur, l'un des plus distingués que j'aie connu. Né Gentilhomme, d'une des premières et plus anciennes familles de la Franche-Comté, il sera digne de sa race.

Heureux de profiter de cette occasion pour me rappeler au bon souvenir de votre Grâce, en la priant d'agréer l'assurance des sentiments de haute considération et de la constante affection avec laquelle j'ai l'honneur d'être, Mylord, de votre Grâce, le très obéissant serviteur.

Général Vicomte DONNADIEU.

A son arrivée en Angleterre, M. d'Equevilley avait trouvé un de ses anciens compagnons d'armes, un des plus beaux noms de l'Espagne, le jeune et brillant général Prim comte de Reus, qui se rendait en Portugal pour y suivre les opérations de l'armée de Das Antas, et juger par lui même de la position des partis belligérants. M. d'Equevilley accepta avec empressement l'offre que lui fit le général de l'accompagner. Ils s'embarquèrent à Southampton, et six jours après, ils pénétrèrent dans Porto malgré le rigoureux blocus de cette ville.

Passeport de passage.

Le gouverneur civil du district de Porto.

J'accorde passeport au très Excellent Comte de Reus, général Prim, naturel et sujet d'Espagne, qui se rend à Lisbonne.

Il a avec lui ses deux aides de camp, le vicomte d'Equevilley et Don Antonio Luque.

Délivré sur documents compétents à Porto le 13 Novembre 1846.

Le secrétaire général par intérim
BERNARDINO F. C. S^a PACHECO.

Rentré en Espagne avec le général Prim, M. d'Equevilley apprit à Madrid, dans les premiers jours de Janvier 1847 et par les journaux français, qu'à la suite de l'instruction dirigée contre lui, il venait d'étre renvoyé devant la cour d'assises de la seine; malgré les instances du général et de ses amis, il se disposa, sans hésiter un moment, à venir répondre à la justice. Il sollicita et obtint du capitaine général de la Nouvelle-Castille un passeport pour se rendre dans les possessions françaises d'Afrique, et il vint à Nice attendre, que M^e. Avisse son avocat à la cour de Cassation, le prévint que le moment était venu de se constituer prisonnier.

DON JUAN DE LA PEZUELA lieutenant général des armées nationales, Capitaine général de la Nouvelle Castille.

J'accorde libre et sûr passeport au capitaine gradé de Milices [1] Vicomte d'Equevilley qui se rend dans les possessions françaises d'Alger.

Donné à Madrid le dix-huit Janvier Mil huit cent quarante sept.

PEZUELA.

Le brigadier général chef d'état major
MARIANO BELESTA.

---

[1] Régiments provinciaux.

Lettre du général Don Jose Maria Paz [1] *à d'Equevilley à Madrid.*

Mon cher Victor,

J'ai reçu votre appréciable lettre du 18 courant, et en réponse je vous dirai qu'effectivement il paraît qu'on dirige contre vous une nouvelle information. Je n'ai pas été appelé à l'instruction; mais si je l'étais, je ne pourrais dire qu'une chose, c'est que vous êtes aussi fidèle et loyal ami que bon militaire, que je ne comprends donc pas que l'on ait pu vous attaquer sur ce terrain.

Je finis et suis votre ami qui vous apprécie.
Paris 27 Décembre 1846.

JOSE MARIA PAZ.

Du général Prim Comte de Reus à d'Equevilley à Nice (États-Sardes.)

Madrid le 16 Mars 1847.

Mon cher ami,

Je me félicite d'abord sincèrement et bien sincèrement que vous soyez arrivé sain et sauf à Nice la tempérée, et je me réjouis ensuite avec vous, dans l'espérance de voir annuler par la cour suprême de Cassation l'arrêt rendu contre vous par la cour Royale; Dieu veuille qu'il en soit ainsi, et alors, mon ami, je vous donne rendez-vous dans la belle ville de Paris pour le mois de juillet prochain, à moins que la providence ne dispose autrement de nous pour cette époque.

---

[1] Le général Paz se trouvait encore à Paris à l'époque du procès de M. d'Equevilley, il fut un de ses témoins à décharge.

Maman m'a écrit de suite qu'elle avait eu le plaisir de vous voir : elle me dit que vous êtes un charmant garçon, fort distingué, très spirituel, et dont les longues moustaches retroussées menacent le ciel. Quelques jours après votre visite, elle a reçu mon portrait dont elle est enchantée.

J'ai reçu également une lettre de Guerrero ; il est désolé de ne s'être pas trouvé chez lui quand vous êtes allé lui porter ma lettre ; il a couru à votre hôtel, où il a appris que vous veniez de partir pour l'Italie.

La tente de campagne que vous m'avez envoyée est en route, elle m'arrivera bientôt.

...... Assez de politique pour parler d'autre chose qui va vous faire un peu de plaisir. On vient de vous accorder la croix de Saint-Ferdinand : c'est le colonel Fernandez que j'avais prié de s'occuper de cette affaire qui vient de me le dire : l'ordre Royal a été transmis à l'inspection de cavalerie, et l'on me remettra votre brevet pour que je vous le fasse parvenir. Recevez en mes félicitations sincères, et plaise à Dieu que ce ne soit pas là dernière récompense que vous receviez et que, plus heureux encore, je puisse vous la décerner moi-même sur le champ de bataille.

Adieu, mon ami, conservez votre santé et recevez une douzaine d'embrassements de votre

Juan.

Le 2 Avril, M. d'Equevilley, reçut une lettre de Mr Avisse qui le prévenait que l'affaire allait être appelée en cour de Cassation, qu'il devait donc se hâter d'arriver : il partit le lendemain 3, arriva à Paris le 8 et se constitua prisonnier à la Conciergerie le samedi 17.

Nous allons terminer cette seconde partie par les nombreux certificats qui sont arrivés à M. d'Equevilley dans sa prison, et après la publication anticipée de l'acte d'accusation et de toutes les odieuses calomnies sous le poids desquelles il a fini par succomber.

Certificat du Colonel GAERTNER aide-de-camp du maréchal Narvaez duc de Valence.

Je, Don Charles Gaertner, chevalier des ordres royaux et militaires de Portugal, de l'ordre royal et militaire de Saint-Ferdinand et de celui d'Isabelle la Catholique, officier de la Légion d'honneur de France, décoré de plusieurs autres croix pour des actions de guerre, colonel de cavalerie etc., etc.,

Certifie que j'ai été parrain du commandant L.... contre le capitaine V...., lequel choisit pour son parrain le vicomte d'Equevilley, qui était lieutenant dans le régiment de cavalerie du roi 1er de ligne; sa modération a été telle qu'on devait attendre de lui; le combat n'eut pas lieu. Pendant tout le temps que j'ai servi dans l'armée du centre, dont faisait partie le régiment de Monsieur d'Equevilley, j'ai connu cet officier comme jouissant de l'estime de tous ses chefs et compagnons d'armes, à cause de ses éminentes qualités militaires et pour avoir toujours fait preuve, dans ses relations avec ses camarades, de loyauté et de modération.

Pour l'honneur de la vérité, je certifie cela, à Madrid, ce 14 Janvier 1847.

CHARLES GAERTNER.

Certificat du Capitaine L. C. Le Febvre des grenadiers d'Oporto.

Je, Don Louis Le Febvre, etc.

Certifie que, le 4 Mars 1844, dans cette cour, il m'arriva de défier don Édouard J......, et pour vérifier cet acte, j'élus pour être mon parrain, le Capitaine vicomte d'Equevilley. Ce chevalier, nonobstant la gravité des circonstances et la presque impossibilité de les éviter, fit usage, de son propre mouvement, de tous les moyens conciliatoires et prudents qui étaient à sa portée, et sourtout d'un esprit de modération digne d'être adopté en pareille circonstance, parvenant ainsi à empêcher l'accomplissement de l'acte (duel), moyennant la satisfaction accordée à la partie insultée (outragée). Pour cette circonstance, et pour les belles qualités dudit vicomte d'Equevilley, je crois avoir toujours l'obligation d'affirmer que de tout temps nous l'avons connu prudent et bon ami, aimé de ses compagnons et des personnes qui ont eu affaire à lui, et estimé en général par tout le monde.

En foi de quoi j'ai affirmé cela à Madrid, le trois Février mil huit cent quarant sept.

Signé, L. C. Le Febvre.

Certificat du Commandant Detenre.

Je, Don Charles Detenre, chevalier des ordres militaires de Tour et d'Epée, et de l'ordre du Christ de Portugal, de l'ordre royal militaire de Saint-Ferdinand décoré de plusieurs croix pour actions de guerre, commandant d'infanterie, etc., etc., etc.

Certifie que, me trouvant à Madrid, dans le mois de mars 1844, je fus parrain du lieutenant-colonel J......

dans un défi (duel) qu'il devait avoir avec le capitaine Louis L......, lequel avait élu pour son parrain le capitaine de cavalerie vicomte d'Equevilley; ce dernier, considérant l'extrême gravité de son rôle, parvint par sa modération à empêcher l'exécution du duel.

A Barcelone, en 1840, dans un autre cas qui m'était personnel, j'eus encore occasion de m'assurer de la loyauté et de la modération de Monsieur d'Equevilley, qui a toujours joui de l'estime de tous ses chefs et camarades pour ses bonnes qualités militaires.

En honneur de la vérité, je le certifie à Madrid ce 14 Janvier 1847.

Signé, CHARLES DETENRÉ.

Certificat du Capitaine Gradi.

Je, Don Joseph de Gradi, chevalier de l'ordre royal et militaire de Saint-Ferdinand, décoré d'autres croix pour des actions de guerre, capitaine des carabiniers, etc., etc.

Certifie que le capitaine Don Victor d'Equevilley a été deux fois parrain contre moi, et que dans ces deux occasion il empêcha, par sa modération de fatals événements. J'ai été son parrain dans une affaire qu'il eut avec le capitaine V......, du régiment d'infanterie de Mayorca, et, dans cette question grave, à laquelle M. d'Equevilley avait été provoqué, après avoir blessé son adversaire, il consentit immédiatement à mettre fin au combat. Je dois ajouter que, comme ancien officier du régiment du roi, j'ai connu intimement Monsieur d'Equevilley, qui appartenait au même corps, et que ses sentiments élevés et ses qualités militaires l'ont toujours fait aimer et estimer par ses camarades.

Pour l'honneur de la vérité, je signe le présent; Madrid, ce 14 Janvier 1847.

JOSEPH DE GRADI.

Certificat du plusieurs membres du Casino du Prince.

Nous soussignés, déclarons que, depuis douze ans, que le capitaine vicomte d'Equevilley est dans les armées de S. M. C., il s'est toujours fait apprécier tant par ses éminentes qualités militaires que par son éducation, et surtout son esprit conciliant et généreux, qui lui ont mérité l'estime et l'amitié de tous ceux qui l'ont connu; n'ayant pas eu, pendant ces douze années, une seule affaire désagréable, et au contraire, il nous est connu que par son intervention il a empêché plusieurs duels entre ses camarades. Nous nous empressons de faire cette déclaration due à la vérité, et qui, dans les circonstances où il se trouve compromis par sa loyauté, servira à détruire de fausses accusations, en les faisant retomber sur ses calomniateurs.

Madrid, 6 Février 1847.

> Le général comte de REUS; N. CARRIQUIRI, député aux Cortès; le brigadier Manuel DE POMAR; FRÉDÉRICO VAHEY, député aux Cortès; le général JOSÉ DE ORIBE; le colonel EDOUARD FERNANDÈS DE SAN ROMAN, chef de division au ministère de la guerre; le marquis DEL REGNO, député aux Cortès; MIGUEL DE LOS SANTOS BAÑUÉLOS, député aux Cortès; le brigadier JAYMA ORTEGA, député aux Cortès; le Colonel LORENZO MILANS DEL BOSCH; le marquis de TORRE ORGAS, grand d'Espagne et député aux Cortès.

Le comte de Castella [1] *à d'Equevilley à la Conciergerie.*
Espagne.   Madrid 1ᵉʳ Mai 1847.

Mon cher ami Victor,

Au milieu du plaisir que me fait éprouver votre lettre
datée du 26, je suis vraiment désolé d'apprendre que vous
êtes en prison pour ce maudit procès que je désire autant
que vous voir terminer heureusement.

.... Croyez à l'affection de votre meilleur ami et
ancien compagnon piqueur [2].

LE COMTE DE CASTELLA.

Du général Prim comte de Reus à d'Equevilley à la
Conciergerie.

Madrid 26 Mai 1847.

Pauvre vicomte de mon âme, combien je suis désolé
de vous savoir en prison et toujours entre les mains de la
justice, nous sortons à peine des prisons de Sᵗ Jean de Lamas [3]
que vous allez vous faire mettre dans les prisons de la
seine: la fatalité, sans aucun doute, vous poursuit et vous
tient par les cheveux; bon courage, ami, et bientôt la bonne
cause trionphera: c'est du reste l'opinion de Mʳ Beauvallon
que je vois tous les soirs au casino.   Il ne cesse de me

---

[1] M. le Comte de Castella est beau-frère de S. A. R. l'Infant
d'Espagne Don Henri de Bourbon.

[2] Lors de la fameuse course de Taureaux du 10 juin 1845, les
trois piqueurs à cheval furent M. M. de Castella, Russell et
d'Equevilley: M. le duc de Glucksberg était le quatrième piqueur en réserve.

[3] Dans la nuit du 16 novembre 1846, le général Prim et M.
d'Equevilley, tombèrent entre les mains d'une bande de par-
tisans Portugais, qui les retint prisonniers au village de St. Joan
de Lamas.

répéter que vous sortirez sans tache et comme un homme de coeur et d'honneur que vous êtes.

Si la providence ne dispose pas autre chose, et si le temps le permet, voici ce que je ferai cet été. Dans quinze jours je quitterai Madrid pour Séville et Cadix, et, de là, à Conil et Zara à l'embouchure du détroit où mon ami Ors a la grande pêche du thon. J'y resterai moins d'un mois pour prendre les bains de mer et, ensuite, vers le milieu de Juillet je me rendrai à Marseille, et de là à la belle ville de Paris pour y rester jusqu'à la fin d'Août et ensuite aller prendre les eaux minérales de Luchon, Caldas ou autres qui me sont ordonnées pour mes nombreuses blessures. De cette manière je serai de retour à Madrid dans le courant d'Octobre. Que dites-vous de mon plan? S'il ne dérange pas le vôtre, c'est là que je vous donne rendez-vous pour vider plus d'une bouteille de Champagne.

Je me rappelle parfaitement ce que vous dit Juigné par rapport à Maynard dans l'entrevue à laquelle nous assistâmes Raphaël et moi, il dit: „Que quand M. de Maynard parla à Paris de l'essai des pistolets, il ne fut nullement question de votre présence à cet essai de pistolets, en aucune manière il ne fut dit que vous y assistiez;" Juigné ajouta que „Maynard alors accusait seulement Beauvallon en disant que s'il parlait de l'essai des pistolets après le procès de Rouen il le fesait pour que, si par hazard Beauvallon avait encore un autre duel, on sut de quoi il était capable."

Detenre vient de me dire que Beauvallon était parti pour Paris; j'ai cessé en effet de le voir depuis quelques jours.

Je viens d'envoyer Detenre à l'inspection de Cavalerie pour y prendre votre brevet de la croix de St. Ferdinand; je laisse ma lettre ouverte; si je ne vous l'envoie pas, je vous le porterai moi-même.

Ainsi donc adieu, mon cher ami, passez le mieux possible cette tempête, sortez bien vite des mains de la justice, et disposez comme vous voudrez de votre bon ami

Madrid 26 Mai 1847. PRIM.

D. L. M. Serrano à d'Equevilley.

Mon cher Victor, Le 21 Juillet 1847.

C'est avec une profonde douleur que j'apprends la si triste position où tu te trouves: j'espère que bientôt on te rendra justice et que tu sortiras vengé des sales calomnies qui te poursuivent.

Je t'envoie le certificat que tu me demandes, si tu ne le trouves pas bien, écris le moi et je t'en enverrai un autre selon ton désir.

Reviens vite parmi nous et, en attendant, ordonne moi tout ce que tu voudras: conserve ta santé et compte sur ton ami qui t'aime sincèrement. L. M. SERRANO.

Don Louis Marie Serrano del Castillo.

Commandeur et chevalier de l'ordre royal américain d'Isabelle la Catholique, quatre fois Chevalier de St. Ferdinand, décoré d'autres croix de distinction pour actions de guerre: Colonel premier chef du 12me district de la garde civile etc. etc. etc.

Je certifie que j'ai eu l'honneur de connaître et d'être lié intimement dans l'armée pendant la dernière guerre civile avec le capitaine Don Victor Vincent Vicomte d'Equevilley qui, par ses bonnes qualités militaires, comme par sa conduite chevaleresque et son caractère modéré a su mériter l'estime de ses compagnons et de tous les chefs supérieurs de l'armée.

Et pour le constater je signe le présent à Vittoria le vingt-cinq Janvier 1847.

Louis Mr Serrano del Castillo.

Certificat de Messieurs les officiers de la Garnison de Valence.

Très excellent Seigneur,

Don Jose Lemasson, en absence et au nom de Don Victor Vicomte d'Equevilley, à V. E. avec le dû respect expose: que le susdit Seigneur d'Equevilley officier espagnol se trouvant dans ce moment en France, et lui étant de la plus grande utilité d'avoir de ses anciens chefs et compagnons d'armes, un certificat de sa bonne conduite; à V. E. supplie de vouloir bien donner l'autorisation compétente, pour que ce certificat puisse lui être délivré et signé par Messieurs les chefs et officiers dont les noms suivent et qui sont: Don Antonio Garrigo colonel de cavalerie, le commandant Montfort, le lieutenant Fromista qui ont servi avec M^r d'Equevilley dans le régiment cavalerie du roi 1er de ligne. Le commandant Don Domingo Cuchiari: le capitaine Don Juan Schasko, le lieutenant Don Jose Lemasson, Don Serafin Buil capitaine de carabiniers, le lieutenant du régiment de Savoie Don Julian de Haro; grâce qu'il espère mériter de la justice et du coeur généreux de V. E. que Dieu garde beaucoup d'années.

Très excellent Seigneur.

LEMASSON.

Valence 8 Juin 1847.

Capitainerie général des Royaumes de Valence et Murcie 9 Juin 1847.

J'autorise Messieurs les chefs et officiers dont il est fait mention dans cet écrit à certifier ce qu'ils savent sur son contenu.

Le Capitaine général

MANSO.

(Avec un sceau.)

Don Antonio Maria Garrigo chevalier avec croix et plaque de l'ordre national et militaire de St. Hermengilde, et de l'ordre de St. Ferdinand de première classe, décoré d'autres croix de distinction pour actions de guerre, bien méritant de la patrie, colonel de cavalerie, et major commandant du régiment de Lusitanie troisième de chasseurs à cheval.

Je certifie qu'étant capitaine au premier régiment du roi cavalerie j'y ai connu comme s. lieutenant Don Victor d'Equevilley; pendant tout le temps qu'il a servi dans ce corps et que j'ai eu des relations avec lui; sa conduite honorable lui a toujours mérité l'estime de tous ses compagnons d'armes: et pour que cela soit constaté je le signe à Valence le onzième jour de Juin mil huit cent quarante sept.

ANTONIO MARIA GARRIGO.

Don Jose Montfort et Don Tomas Fromista, le premier
commandant et le second lieutenant du régiment cavalerie de Lusitanie dont est colonel le Seigneur Don
Domingo Dulce etc.

Nous certifions: que nous avons servi comme officiers
dans le régiment du roi premier de cavalerie où nous
avons connu le s. lieutenant Don Victor d'Equevilley qui,
par sa conduite honorable, avait su mériter l'estime particulière de tous ses compagnons d'armes: et pour que cela
soit constaté nous le signons à Valence le onze Juin mil
huit cent quarante sept.

Tomas Fromista.   Jose Montfort.

Don Francisco Gomez de la Torre colonel gradé, lieutenant colonel du régiment de Lusitanie troisième de
chasseurs à cheval, dont est colonel le Seigneur Don
Domingo Dulce.

Je certifie que Don Antonio Maria Garrigo, Don
Jose Montfort, et Don Tomas Fromista par qui ont été
délivré les certificats qui précèdent sont bien tels qu'ils
s'intitulent et que les signatures posées au bas de ces
certificats sont de leurs mains et écritures habituelles: et
pour que cela soit constaté je le signe à Valence le onze
Juin 1847.

Certifié conforme.   Certifié conforme.

Dulce.   Gomez de la Torre.

182

Don Domingo Cuchiari chevalier de l'ordre de la tour et
l'épée de Portugal, décoré de la croix de St. Ferdinand
de première classe, de celle d'Isabelle la Catholique,
lieutenant colonel commandant le deuzième bataillon
des chasseurs d'Oporto.

Je certifie que j'ai connu Don Victor d'Equevilley
sous-lieutenant du premier régiment de cavalerie du roi,
qui fesait partie de la même division que les chasseurs
d'Oporto; cet officier pendant tout le temps que je l'ai connu
s'est toujours rendu digne de l'estime de tous ses compagnons d'armes; pour le constater je le signe à Valence
le onzième jour de Juin mil huit cent quarante sept.

Domingo Cuchiari.

Don Juan Schasko, capitaine d'Infanterie, décoré de la croix
de fer de Pologne, de la tour et l'épée de Portugal, de
St. Ferdinand d'Espagne, et d'autres pour actions de
guerre.
Don Serafin Buil, capitaine de cavalerie, chevalier de St.
Ferdinand de première classe, et d'autres pour actions
de guerre.
Don Jose Lemasson, lieutenant de cavalerie.
Don Julian de Haro, lieutenant d'Infanterie.

Nous certifions que le seigneur Don Victor d'Equevilley
en compagnie duquel nous avons servi s'est comporté toujours en vaillant militaire et que par sa conduite il s'est
acquis l'estime et l'amitié de tous ses compagnons d'armes.
Valence 11 Juin 1847.

Juan Schasko. Serafin Buil.
Lemasson. Julian de Haro.

Les chefs et officiers de l'armée espagnole soussignés certifient,

Que Don Victor V. d'Equevilley, officier francais au service d'Espagne, pendant la dernière guerre civile s'est toujours conduit en militaire plein d'honneur et en chevalier accompli; par sa conduite honorable, la délicatesse de ses procédés dans la vie privée, et sa bravoure sur les champs de bataille il a mérité toujours l'estime et la considération de ses compagnons d'armes, et obtenu justement ses grades et ses décorations distinguées.

Et pour qu'il puisse le faire constater où et comme il lui conviendra, nous signons le présent à Valence le premier Juin mil huit cent quarante sept.

> Le colonel d'infanterie Victoriano Sugrames; le lieutenant d'infanterie Bonifaccio Bon; le capitaine de cavalerie Sérafin Buil; le lieutenant José Lemasson; le lieutenant d'infanterie Esteban Ribero; le sous-lieutenant Francisco Mulero; le lieutenant colonel Vicente Carronia; le lieutenant d'infanterie Vicente Romero.

Voilà la vie de M. d'Equevilley: qu'on la compare avec celles de ses accusateurs, avec celle de M. de Maynard, de ses amis, de ses répondants, un agent d'affaires connaissance et amitié de la prison pour dettes; une fille publique, sa concubine adultère; qui n'ose même pas dire son nom à la justice, et deux ou trois compagnons de ses débauches et de ses débordements.

Et cet homme, cet officier ministériel, ce notaire revêtu de la première dignité municipale de la ville de Paris, à qui, sous le dernier règne, on donnait la croix d'officier de la Légion d'honneur, cet homme dont les paroles et les calomnies ont eu tant de poids dans ce malheureux procès, qu'il vienne maintenant répéter cette phrase dite par lui sous la foi du serment à un juge d'instruction: — „Il a pris le parti de passer en Espagne où il a pris du service, tantôt pour la Reine tantôt pour les Carlistes, probablement pour celui qui le payait le mieux."

Et vous M. de Maynard, vous qui êtes venu du fond des Antilles, vous qui avez traversé les mers, fait dix-huit cents lieues pour venir accuser un compatriote, un ami, pour perdre deux jeunes hommes d'espérance et d'avenir, jeter la désolation dans deux familles, faire descendre dans la tombe une jeune et sainte femme, comme une année auparavant vous aviez tenté d'y faire descendre le mari dont vous n'aviez pu déshonorer l'épouse; revenez en Europe M. de Maynard, allez en Espagne: vous y trouverez une de vos victimes, le front haut, la conscience pure, portant ses épaulettes au milieu de ses camarades, de ses amis, de ses anciens compagnons d'armes, qui valent bien les compagnons de vos honteux plaisirs.

TROISIÈME PARTIE.

DOCUMENS AYANT RAPPORT AU PROCÈS.

Si les lois, dans leur indulgence, ont quelquefois
admis la réhabilitation des condamnés, elles n'ont
jamais permis de réhabiliter les juges qui, par
système ou par faiblesse, ont fait couler le sang
innocent.

*(M. Dupin, discours de rentrée à la cour
de cassation, 1847.)*

Properare in judicando est crimen quaerere.

(P. Syrus, max.)

Le chef du Jury: „Oui, à la majorité, l'accusé
est coupable; à la majorité, il y a en sa faveur des
circonstances atténuantes."

Le président: d'Equevilley, avez vous quelque
chose à dire pour votre défense et sur l'application
de la peine,

L'accusé: Que puis-je ajouter? Que je suis victime! ... je n'ai qu'à m'incliner devant la loi.

(Gazette des tribunaux du 15 Août 1847.)

LETTRES AUX JOURNAUX À LA SUITE DU PROCÈS DE ROUEN.

Le National du 1er Avril 1846.

Paris le 31 Mars 1846.

Monsieur le rédacteur,

Je n'ai pas lu en entier votre article à propos du procès qui vient de se juger devant le jury de Rouen; je me suis arrêté à ces mots:

„L'autre, qui a paru suspect à la justice [1], apporte un brevet de capitaine ... au service d'Espagne."

---

[1] Quant à **M.** d'Equevilley qui le connait? On dit que c'est une tête exaltée qui s'est jetée dans les guerres de la Navarre; mais enfin qui répond de ce tenant de Beauvallon? .... la justice croit mieux le connaître ......" (extrait de la plaidoirie de l'avocat de la partie civile. Cour d'assises de Rouen le 29 Mars 1846.)

C'est dans ces mots de l'avocat de la partie civile, auxquels M. d'Equevilley ne put répondre que par la lettre adressée au National et reproduite par quelques autres journaux, que se trouve la source, l'origine du procès qui lui fut intenté plus tard: de là sont parties toutes les calomnies. Et cependant, il y avait là une voix puissante, la plus éloquente de toutes, qui pouvait d'un seul mot réduire à néant cette insinuation si perfide, origine de tant de maux. Si l'avocat de l'accusé, si le défenseur de Beauvallon qui prit la parole après l'avocat de la partie civile, s'était écrié, comme il avait le droit de le faire; vous demandez qui connait d'Equevilley, qui répond de lui; moi, qui suis l'ami, le co-réligion-

190

Ce brevet, Monsieur, je l'ai gagné en défendant la constitution espagnole, cause que vous défendez en France.

Quant à mes démêlés avec la justice, je vais vous les dire, Monsieur.

Le premier fut à propos d'un fabricant de voitures qui prétendait que je ne pouvais lui payer 900 fr., prix d'un cabriolet qu'il m'avait vendu: la justice fut bientôt éclairée et satisfaite; car elle apprit que, pour payer 900 fr., j'avais plus de 150,000 fr. à moi, et, de plus, que j'étais le fils d'un homme qui payait plus de 2,000 fr. de contributions.

Le second démêlé, c'est avec douleur que je le rappelle, ce fut un affreux malheur. Il était minuit. Je traversais dans mon cabriolet, que je conduisais moi-même, la rue Neuve-des-Petits-Champs. En entrant dans la rue Richelieu, je blessai une malheureuse jeune fille. J'avais un cheval *très vite*, personne n'était là; je pouvais échapper à toutes recherches: je ne le fis pas. J'arrêtai vigoureuse-

---

naire politique de son père depuis plus de vingt ans. Si M^e. Berryer avait dit cela, la calomnie et les calomniateurs restaient confondus; d'Equevilley était sauvé, et les cheveux blancs de son vieux père n'auraient pas été souillés par le souffle impur d'une cour d'assises.

Monsieur et ami,

Je reçois des nouvelles de la Haute-saône et de Jussey en particulier, mais point de lettres de vous.

Nos amis se réunissent pour porter M. Henry. Veuillez concourir à rallier tous les suffrages en sa faveur.

23 Octobre 1837.

Mille compliments.

BERRYER.

A Monsieur d'Equevilley à Jussey (haute-saône.)

ment mon cheval et je transportai la blessée chez l'épicier du coin.

Je retournai à mon régiment huit jours après, et ma famille payait les dommages-intérêts auxquels la justice me condamna.

Voilà les seuls démêlés que j'aie eus avec la justice, et je défie qui que ce soit de citer un fait qui soit de nature à porter la moindre atteinte à mon honneur et à ma considération.

Vous le voyez, Monsieur, vous vous êtes étrangement trompé sur mon compte. Il est permis à un avocat, dans l'intérêt de sa cause, d'employer tous les moyens; mais vous, homme de coeur, vous regretterez de vous en être servi.

Agréez, etc.

Vicomte Victor d'Equevilley
Capitaine au service de la reine d'Espagne.

L'Esprit Public du 16 Avril 1846.

A. M. le Rédacteur de l'Esprit Public.

Monsieur,

J'avais eu connaissance des bruits absurdes qui circulaient à mon sujet, à la suite du procès de Rouen. J'en avais ri comme d'une chose fort bouffonne, me contentant de protester contre ces absurdités, en prolongeant mon séjour à Paris, quand ma position m'appelle depuis long-temps en Espagne; mais le crédit que vous accordez à ces odieuses calomnies, en les livrant à la publicité, me force de rompre le silence.

D'abord je ne suis pas arrêté, et pour que vous ne conserviez aucun doute à cet égard, je vous apporte moi-même ma lettre, accompagné de deux de mes amis [1], pour vous certifier mon identité; le reste de votre histoire est tout aussi fabuleux.

Ensuite, votre officier de marine n'existe pas, vous l'avez créé, mis au monde, et breveté de votre autorité privée [2]. Après cela, je conçois qu'il vous était facile de le faire débarquer au Hâvre, arriver à Rouen et ainsi de suite, d'après le très joli conte que vous racontez à vos lecteurs avec le plus admirable sang-froid. De tout ceci il ne reste donc qu'une chose, c'est le regret que vous devez éprouver d'avoir, par une légèreté impardonnable, fait peser sur la tête d'un honnête homme une aussi grave accusation que celle que vous avez fait peser sur moi pendant vingt-quatre heures.

Vous vous hâterez, je l'espère, Monsieur, de remédier, autant qu'il sera en vous, au mal qu'involontairement vous m'avez fait. Dans cette attente, veuillez agréer, etc.

Paris 16 Avril 1846.

Le vicomte VICTOR D'EQUEVILLEY

Capitaine au service de S. M. la reine d'Espagne.

Au moment où cette lettre fut publiée, non seulement par l'Esprit public mais par l'Epoque, la Démocratie et

---

[1] M. M. le Général Paz et L. d'Horbourg.

[2] M. de Meynard n'a jamais été officier de marine, il n'a jamais servi dans aucune arme, et, cependant, dans la plainte déposée contre M. d'Equevilley, le sieur François lui donne la qualification d'officier de marine, pour donner plus d'autorité à ses assertions.

plusieurs autres journaux, M. de Maynard était à Paris, et à ce démenti, si clair, si catégorique, tiré, non pas à trente mille exemplaires comme il le dit dans une lettre à M. de Cassagnac, dont nous allons citer plus bas quelques passages, mais à plus de cent mille exemplaires, il ne trouva pas un mot à répondre! ... Oh! c'est qu'alors, M. d'Equevilley, n'était pas entre deux gendarmes sur un banc de cour d'assises, il aurait confondu l'imposteur, s'il avait osé se montrer.

„Enfin est intervenue dans l'affaire la lettre publiée dans l'Esprit public et l'Epoque: dans cette lettre M. d'Equevilley, le plus innocent des hommes, m'accuse très indirectement de calomnies odieuses, que sais-je moi? mais enfin m'accuse et sans se soucier de moi en quoi que ce soit, me donne un démenti tiré à trente mille exemplaires. Cependant je n'ai pas répondu — publiquemeut du moins — je me suis tu ....." (Extrait d'une lettre de M. Auguste de Maynard à M. Granier de Cassagnac.)

On lit quelques lignes plus haut dans cette même lettre: „Comme je vis très retiré, je n'ai été informé de ces bruits que par les visites réitérées de M. d'Equevilley, visites faites en compagnie d'amis et d'un maitre d'armes M. Grisier, une fois à minuit à la campagne, une fois à la ville à quatre heures du matin, c'est à la lettre."

Ce n'est pas à la lettre du tout M. de Maynard, c'est au contraire un odieux mensonge, dont vous aviez bien compris toute la portée, aussi l'avez-vous répété dans votre interrogatoire. En affirmant que M. d'Equevilley allait chez vous à minuit accompagné d'amis et d'un maitre d'armes, vous vouliez faire supposer qu'il employait les voies d'intimidation: eh bien, vous mentiez, et M. Grisier, qui certes est un homme honorable, vous a donné un démenti en pleine audience et vous l'eut donné bien plus complet encore s'il n'avait été interrompu par le président des assises.

Copie du billet remis par M. d'Equevilley à M. le marquis de Flers et dont lecture fut donné au Jokey-Club.

On m'assure que M. de Maynard prétend que les pistolets qui ont servi au duel ont été essayés en ma présence, je ne peux ajouter foi à ce propos; mais si cela était vrai, et, je le répète, je ne le crois pas, je dis moi qu'il est fou ou qu'il en a menti.

V. d'Equevilley.

C'est dans le courant d'avril 1846 que ce billet fut remis à M. de Flers avec autorisation et même prière d'en donner communication au Jokey-Club et partout ailleurs; voici maintenant le billet de M. d'Horbourg qui fut également remis à M. de Flers qui le communiqua aux membres de son Club.

Mon cher d'Equevilley,

J'arrive à l'instant chez toi, pour te rendre compte de la mission dont tu m'avais chargé et, ne te rencontrant pas, je t'en laisse sur ton bureau le résultat.

J'ai rencontré Aug. de Maynard et lui ai demandé en on nom, après lui avoir au préalable déclaré que tu ne le croyais pas, s'il était vrai qu'il eut tenu le propos suivant: M. de Beauvallon avait essayé les pistolets chez M. d'Equevilley; et si ce propos qu'on lui prêtait avait été écrit par lui au parquet de Rouen.

Voici la réponse d'Aug. de Maynard: depuis mon retour de Rouen je n'ai vu aucune des personnes qui assistaient au procès. Mes affaires m'ont tenu hors de Paris. Je n'étais pas chez moi quand deux fois d'Equevilley y est venu. J'ai eu seulement hier au soir sa lettre et n'ai pu lui répondre ignorant son adresse, je n'ai parlé du fait des pistolets à personne, à M. Daru nullement puisque je ne le connais pas. Quant à la question du parquet c'est odieusement bête. Quoique vivant très retiré, je dinerai probable ment ce soir avec M. Gustave de la Rifaudière, *et en de- mentant les paroles qu'on me prête*, je le prierai de *communiquer mon démenti* aux personnes de sa société et de son club.

Voici, mon cher, ce qu'Auguste m'a dit, à toi, à ce soir.

Cte L. D'HORBOURG.

Le Comte Ludovic d'Horbourg à d'Equevilley, de Paris à Aix-en-Savoie.

Août 1846.

L'excellent et respectable général Donnadieu, mon cher Victor, a eu la bonté de me faire appeler, et j'en ai été bien content, car, de cette manière, j'ai pu savoir que mes lettres ne t'étaient pas parvenues, et cependant j'en ai mis successivement trois à la poste et adressées à Aix-en-Savoie. J'ai reçu la tienne qui m'a été apportée par un Monsieur que je n'ai pas pu remercier, car il n'a pas laissé son adresse; je t'ai répondu immédiatement. Il n'y avait alors que du vague dans ma réponse: quelques bruits circulaient. La seconde fut écrite par moi, lorsque le fils d'Alexandre Dumas eut été appelé par M. Legonidec juge d'instruction, et enfin la troisième, toute récente, lorsque moi-même je fus mandé dans le cabinet de ce Monsieur.

Voici maintenant ce qui se passe en toute exactitude.

Il paraitrait que les héritiers Dujarrier, fort mécontents de la fugue de Beauvallon, qui ne leur laisse aucun moyen d'escompter la mort de leur parent, ont recueilli les bruits propagés par Mme Valory et M. de Maynard; ce dernier aurait fait ses confidences à cette femme qui en aurait parlé avec un Monsieur de Juigné et celui-ci en aurait fait le récit au Jokey-Club: de là les bruits que tu connais.

On a donc évoqué contre toi une affaire en faux témoignage dans ce malheureux procès. M. M. Maynard, Dumas père, Dumas fils, Grisier et moi avons été appelés. Toutes nos dépositions, du moins pour nous quatre que je viens de citer en dernier lieu, ont été unanimes. Nous ne savons pas ce que l'on veut nous dire avec des pistolets essayés; nous comprenons fort peu M. de Maynard assistant à tout le procès, et voulant éclairer la justice, ne se levant pas à l'audience, mais attendant la chose jugée pour faire courir sous le manteau des bruits d'abord sourds, grossisant ensuite et finissant par acquérir une grande force. Le juge lui-même qui instruit l'affaire trouve cette observation momentanée du silence très extraordinaire chez M. de Maynard.

Comment, avons-nous tous dit, a-t-on attendu l'absence

de M. d'Equevilley pour le mettre en cause! .. Son séjour s'est prolongé pendant près de quatre mois à Paris après ce procès, et il est parti muni d'un passeport et en diligence *comme tout le monde*, ainsi que tu l'as déjà dit à Rouen ....

.... Pour être assuré que ma lettre te parviendra j'en charge le bon et digne général, et la termine en te promettant de te récrire bientôt, à toi maintenaut et toujours.

Comte LUDOVIC D'HORBOURG.

P. S.

Je travaille beaucoup et ne vois plus personne. J'ignore les destins de Sweikoski, Medem et autres. Paz n'est plus à Paris.

Ceux qui ont suivi les débats de ce malheureux procès n'auront pas oublié sans doute le rôle qu'on y fit jouer à M. de Juigné absent; il ne sera donc pas hors de propos de faire connaitre la vérité à cet égard.

M. de Juigné avait été un des premiers à qui M. de Maynard était venu faire ses perfides confidences; ce dernier même prétendit plus tard, pour rejeter en partie l'odieux de sa conduite sur un autre, que c'était l'indiscrétion de M. de Juigné qui avait fait tout le mal: en effet, dans la lettre que nous venons de citer de M. de Maynard à M. de Cassagnac, on lit le passage suivant: „Une de ces personnes, M. le Comte de Juigné, un homme de trente cinq ans, marié, aussi sérieux qu'on peut le demander à un oisif et à un millionnaire, a bavardé, et ce bruit d'un essai de pistolets avant le duel est allé en grossissant de jour en jour jusqu'à présent." Jusque là le mal n'était pas bien grand, M. de Juigné, comme tant d'autres, n'aurait fait que répéter les confidences de M. de Maynard, et, comme nous l'avons dit déjà, quand la voix est là on n'a que faire de l'écho: mais profitant de l'éloignement de M. de Juigné qui s'était rendu en Espagne, on prétendit que ce n'était pas seulement par M. de Maynard, mais par connaissance personnelle que M. de Juigné avait parlé de l'essai des pistolets. Ces bruits, dont il est facile de deviner l'origine, arrivèrent jusqu'à M. d'Equevilley qui, le lendemain de son arrivée à Madrid, au mois de Janvier 1847, ayant rencontré M. de Juigné au théâtre du Cirque, eut avec lui une explication tout amicale, qui le convainquit de ce dont il n'avait pas douté un seul instant, qu'on avait profité de l'absence de M. de Juigné pour abuser de son nom.

Tel était déjà l'égarement de l'opinion publique sur tout ce qui avait rapport à cette malheureuse affaire, que, dès le lendemain, cette conversation du Cirque entièrement dénaturée, donna lieu à tant d'interprétations ridicules et contradictoires dans la plus haute société de Madrid, que M. d'Equevilley, pour y mettre un terme, et après en avoir prévenu M. de Juigné, se rendit chez lui accompagné de M. le général Prim et de M. Perez Vento ancien aide de camp du général Don Diégo Leon. A la suite de cette visite et d'une explication ou conversation tout aussi amicale que celle du Cirque, le procès verbal suivant fut rédigé et signé par les amis de M. d'Equevilley.

(L'original est en français.)

Nous soussignés déclarons avoir accompagné M.^r le Vte d'Equevilley chez M. le Comte de Juigné qui a déclaré devant nous de la manière la plus formelle et la plus explicite :

1º Qu'il était entièrement faux qu'il eut jamais dit avoir dans aucune occasion *mal mené* M. d'Equevilley et particulièrement à la suite d'une explication que celui-ci lui demanda il y a quelques jours au théâtre du cirque : loin de là M. de Juigné n'a parlé de cette explication qu'à M.^{rs} le comte de Zaldivar et de Puzin et dans des termes *tout contraires.*

2º Qu'il était également faux que M. d'Equevilley, à la suite de cette même explication, et dans aucune autre circonstance lui ait dit que *M. de Beauvallon était une fameuse canaille;* qu'il n'a par conséquent lui M. de Juigné pu prêter à M. d'Equevilley ce propos, qu'il donne donc le démenti le plus formel à ceux qui l'ont répété.

3º Qu'il n'a pas été à l'Ambassade de France depuis sa conversation au cirque avec M. d'Equevilley, et que jamais il n'a dit un mot de cette conversation ni à M. le Comte de Bresson, ni à M. Louis Decaze, ni à M. de Talleyrand, ni à personne autre qu'à Mrs de Puzin et de Zaldivar : et nous a prié de donner toute publicité à cette déclaration.

Madrid premier Février 1847.

R. Perez Vento.   Le Comte de Reus.

Quelques jours après M. d'Equevilley quittait Madrid, et M. de Juigné lui adressait la lettre suivante pour qu'elle fut produite à l'audience et put servir à constater le rôle qu'il avait joué dans cette affaire.

Le Comte Paul de Juigné à d'Equevilley, à Nice (États Sardes.)

Madrid le 7 Février 1847.

Monsieur,

Je m'empresse de répondre à la lettre que vous m'avez fait l'honneur de m'écrire, et par laquelle vous me demandez ce que je sais de l'affaire qui vous occupe aujourd'hui.

Au mois de Mai dernier j'allai faire une visite à M. le comte de Maynard que j'ai l'honneur de connaitre; la conversation tomba sur le procès de Rouen et M. de Maynard me raconta: qu'il s'était rendu le matin du duel dans un jardin attenant à votre habitation, que là il avait vu M. de Beauvallon en compagnie duquel il était venu, tirer plusieurs coups de pistolets avec des armes que lui M. de Beauvallon lui aurait dit appartenir à son beau-frère M. Granier de Cassagnac; il pouvait être alors, me dit-il, environ sept heures du matin.

Cette conversation ne m'ayant nullement été donnée sous le sceau du secret, je ne crus pas devoir la taire à quelques-uns de mes amis qui s'occupaient du procès de Rouen. Je ne la racontai néanmoins que sous toute réserve en laissant peser la responsabilité sur M. le comte de Maynard qui m'avait dit alors, et m'écrivit plus tard qu'il voulait l'accepter tout entière.

Je ne me rappelle pas, Monsieur, qu'il ait été parlé de votre présence lors de cet essai de pistolets, et c'est à peine si votre nom a été prononcé dans cette conversation; ce que je puis vous dire seulement c'est qu'alors, dans l'opinion des gens que je voyais, ce n'était pas vous qui étiez en cause.

Absent de Paris peut-être pour un temps assez long, je ne pourrai aller déposer aux débats de cette affaire; ma déposition au reste ne contiendrait rien de plus ni de moins que ce que dit cette lettre; pour moi, complétement étranger à ce duel, je ne l'ai connu que par les journaux et, je vous le répète, je n'ai fait que rapporter une conversation qui n'avait rien d'intime.

Je souhaite, Monsieur, que cette lettre puisse vous être utile; pour ma part je serais heureux qu'elle vous servît à faire tomber une accusation que les quelques relations que nous avons eues ensemble à Paris, et l'opinion bien connue des personnes qui ont eu l'honneur de vous voir davantage, me porte à croire tout-à-fait injuste et erronée.

Veuillez agréer, Monsieur, l'expression de ma considération distinguée.

Le Comte PAUL DE JUIGNÉ.

La lettre que l'on va lire n'a aucun rapport à l'affaire, mais elle fera connaitre la nature des relations qui existaient entre M. M. de Juigné et d'Equevilley à cette même époque, c'est-à-dire, au moment où M. d'Equevilley quittait l'Espagne pour venir se constituer prisonnier et répondre à l'accusation qui pesait sur lui; elle sera une preuve de plus de la manière inique dont tout a été dénaturé dans ce procès sans exemple dans les annales judiciaires.

Le Comte Paul de Juigné à d'Equevilley, à Nice (États Sardes.)

Madrid 20 Février 1847.

Il ne faut plus penser à nos beaux projets de Tunis, mon cher d'Equevilley, la réponse sur laquelle je croyais à juste titre pouvoir compter a été défavorable. Le Bey ne veut prendre à son service que des officiers ayant trois ans au moins de service dans l'armée active, c'est-à-dire servant au moins depuis 1843 activement. Cette mesure me parait lui avoir été soufflée par quelques Français déjà établis là bas, qui, craignant une supériorité d'un genre ou d'un autre, préfèrent voir arriver à Tunis des sous-officiers devenus officiers de fortune, instrumens dociles, faciles à manier et à briser au besoin.

Quoiqu'il en soit me voilà retombé dans toutes mes irrésolutions et mes incertitudes; votre départ, mon cher d'Equevilley, ne contribue pas à les diminuer. Que faire, que devenir maintenant! Je crois que je finirai par aller en volontaire me faire tuer en Afrique: je ne vois guère que ce terme là à mes misères.

Il a paru un article très méchant contre Ortega et Alba [1] dans le Corsaire-satan; il n'est pas signé, mais ce n'en est pas moins désagréable pour ces Messieurs et pour

---

[1] Le général de brigade Ortega et le duc d'Albe et de Bervick.

nous autres français qui sommes ici. Pour moi personnellement qui ai toujours été bien traité par la société espagnole cela me contrarie fort. Vraiment les français qui ont la manie d'écrire de ces articles de journaux devraient un peu penser à la position qu'ils font à leurs compatriotes à l'étranger.

Adieu, mon cher d'Equevilley, tâchez d'être plus heureux que moi, et de réussir à quelque chose; vous savez que je partagerai toujours vos joies comme vous avez si bien partagé mes peines. Tout à vous de cœur.

P. DE JUIGNÉ.

Sous le titre de: Appel à la justice de la presse française, M. d'Equevilley, au moment où il venait de se constituer prisonnier, adressa à tous les journaux français et étrangers la lettre suivante qui fut insérée dans quelques journaux; entre autres dans le Courrier français du 20 Avril 1847.

Monsieur le Rédacteur,

Du fond de la prison où je suis venu librement me constituer pour répondre devant la justice de mon pays à l'accusation qui pèse sur moi, j'attends avec confiance son arrêt; mais, avant tout, j'ai recours à votre impartialité pour répondre devant l'opinion publique à des accusations étrangères à la cause, et qui m'attaquent dans ce que j'ai de plus cher; dans mon honneur. M⁻ Avisse, mon avocat, a, dans un mémoire qu'il a eu l'honneur de présenter à la Cour de cassation, réuni quelques pièces qui me lavent de ces calomnies. Comme ce mémoire ne peut être connu que d'un petit nombre de lecteurs, je vais, par la voie des journaux, y suppléer de la manière la plus brève et la plus succincte qu'il me sera possible: je ne citerai que des faits, et pas une seule voix au monde ne pourra s'élever pour me contredire.

La plus belle noblesse est celle des sentiments; aussi ne parlerais-je pas de l'autre, bien triste privilége aujourd'hui, si je ne m'y voyais forcé par les attaques auxquelles je suis en butte. Ma famille fut annoblie par Philippe II,[1] lorsque la Franche-Comté relevait de la couronne d'Espagne. Seigneurs de Mont-Justin d'abord, nous sommes devenus seigneurs d'Equevilley à l'époque de la conquête par Louis XIV. Mes ancêtres ont tous occupé des grades supérieurs dans l'armée, chevaliers de Saint-Louis depuis la création. Parmi nos alliances de famille, nous comptons les Clinchamp, les Cordemoy, les Bouteville, les Mont-Saint-Léger, les Lavoncourt, etc., etc.: voilà pour ma famille.

Je n'ai pas été renvoyé de l'école préparatoire de Versailles; j'en suis sorti librement pour aller servir en Espagne. J'en appelle au colonel Labaume, notre ancien directeur, aujourd'hui à Paris; à M. Amadieu, capitaine d'état-major,

---

[1] Tout ce paragraphe est copié textuellement d'une brochure publiée il y a trente ans par M. d'Equevilley père. Nous renvoyons les lecteurs à cette brochure; ils trouveront aux pièces justificatives les signatures de toute la noblesse de Franche-Comté. Elle fut imprimée en 1817 chez Patris rue de la Colombe N.° 4 quai de la cité; elle est intitulée: Précis des services rendus au Roi et à la famille Royale par le Chevalier Vincent d'Equevilley (Denis Victor).

mon ancien professeur; j'en appelle à mes anciens camarades, à tous les anciens élèves de l'école, à MM. Boyer, Pellart, Vessière, Hollande, Pajol, Levasseur, Briant, d'Arbaud, Alexandre Blin, Hérald de Page, à tous ceux enfin dont les noms ne me viennent pas en mémoire; je fais appel à leur loyauté: si j'ai l'impudeur de mentir qu'ils le disent.

C'est en quittant Versailles que je suis parti pour l'Espagne; j'y ai fait toutes les campagnes depuis le commencement de 1835; j'ai été nommé sous-lieutenant, lieutenant, capitaine, chevalier de Saint-Ferdinand de première classe sur le champ de bataille; j'ai les croix de Bilbao, de Mendigorria, celle de Saragosse; je suis lié d'amitié avec les noms les plus purs de l'Espagne, honoré de celle des généraux les plus braves et les plus distingués, Lopez, Ayerbe, Tello, Oribe, Cordova, Pezuela, Prim, Gonzalez, Pomar, Ortega, etc.; j'ai parmi mes anciens camarades Contreras, Serrano, Fernandez, Paz, Correa, etc. J'ai leurs lettres, leurs certificats; je fais appel aux anciens officiers des chasseurs à cheval d'Alava, à ceux du régiment cavalerie du roi, à toute l'armée espagnole du Nord, à celle du Centre; partout, j'ose le dire, je me suis montré digne d'être gentilhomme français, digne de l'honneur d'être officier espagnol. Ajoutez que je ne suis pas allé servir par besoin, j'étais riche par la fortune de ma mère à l'époque où je suis entré au service. Mon père payait plus de deux mille francs de contributions foncières, et je suis son fils unique; et cet excellent père ne m'a jamais rien refusé; je pouvais, comme je le peux encore, vivre chez lui, avoir des chevaux, des voitures, toute une vie de luxe dans une des belles propriétés de la Haute-Saône. Ce sont là des faits que personne ne peut nier. Que l'on compare cette vie de repos et de plaisirs à celle que j'ai préférée toute de fatigues et de dangers.

Depuis 1840, je suis venu plusieurs fois en France; l'année dernière, je n'ai fait à Paris qu'un court séjour, avant et après le procès de Rouen; je pourrais encore ici citer tous les noms de mes amis, de ceux qui vivaient dans mon intimité, je n'ai à rougir d'aucun d'eux, pas un n'a à rougir de moi: le général Paz qui est encore à Paris, et qui ne m'a pas quitté pendant mon dernier séjour dans cette ville m'écrivait au mois de décembre dernier: „Je n'ai pas été appelé devant le juge d'instruction, si je l'étais je ne pourrais dire qu'une chose c'est que vous êtes aussi fidèle et loyal ami que bon militaire."

Un journal a dit que j'avais été impliqué ou compromis dans une affaire de faux; c'est la plus odieuse de toutes les calomnies.

Vous voudrez bien, monsieur le rédacteur, admettre dans votre estimable journal cette justification que je dois à mon honorable et bon père, si cruellement éprouvé par toutes ces calomnies, et à l'opinion publique, juge souverain que personne ne respecte plus que moi.

Agréez, avec mes sentiments de reconnaissance, ceux de ma haute considération.

Conciergerie, 19 Avril 1847.

Victor V. d'Équevilley.

Le Comte Ludovic d'Horbourg à d'Equevilley, à la Conciergerie.

Mon cher Victor,

Je viens de lire dans le Courrier français ta lettre, et j'apprends par elle ta présence à Paris. J'aurais le droit de me plaindre de ne pas l'avoir su directement; c'est lorsque l'on est opprimé que l'on doit trouver ses amis.

Je suis heureux de ta lettre, elle est noble et digne de toi, de ton nom, de ta famille, et glorifie ceux qui, comme moi, te sont restés fidèles; ils se montreront au grand jour, sois en persuadé.

Quant à moi, qui ai toujours défendu en toi l'homme qui m'avait accordé son amitié et qui avait toutes mes symphaties, je viens me mettre à ta disposition, corps, biens et âme. As-tu besoin de moi, dis un mot. Peut-on aller te voir? Quel moyen faut-il employer, fais le moi savoir à la rue de la tour des dames ou je suis toujours, et je viendrai avec bonheur te serrer la main.

Au revoir je t'embrasse de cœur; compte sur moi maintenant et toujours.

Paris 21 Avril 1847.

C.te Lud. d'Horbourg.

M. d'Horbourg, comme on le sait, fut un des principaux témoins du procès; on connait maintenaut quels étaient ses sentiments pour M. d'Equevilley: ajoutons que l'amitié qui unissait ces Messieurs n'était pas une de ces liaisons à la façon régence des amis de M. de Maynard. M. d'Horbourg est un ancien officier de l'armée d'Afrique, qui, après s'être retiré du service, joignant la théorie à la pratique, s'est livré avec un brillant succès à l'étude des sciences militaires; c'était cette partie qu'il dirigeait dans plusieurs journaux et particulièrement dans l'Epoque. Pendant son séjour à Paris, M. d'Equevilley était son collaborateur, quand il était à l'étranger il lui envoyait une correspondance utile à ses travaux; et cependant, le témoignage de M. d'Horbourg, qui devait étre si favorable à M. d'Equevilley, fut un de ceux que l'habileté, pour ne pas dire plus, de l'accusation fit servir contre lui.

LE DUEL,

son origine, ses témoins, ceux du procès d'Equevilley.

Notes remises par M. d'Equevilley à M. Crémieux son défenseur, à la prison de la Conciergerie.

Le 11 Mars 1845, jour du duel, il y avait à peine un mois que je connaissais M. de Beauvallon; nos relations s'étaient bornées à nous rencontrer quelques fois dans le monde, et à servir de témoins ensemble à un de nos amis communs M. Roger de Beauvoir, dans un duel qu'il devait avoir avec M. Taxile Delord, rencontre que je parvins à empêcher comme peuvent l'affirmer les témoins de M. Taxile Delord, MM. Arnoux Frémy et Zabban, ainsi que MM. Roger de Beauvoir et Grisier qui étaient présents à notre dernier rendez-vous, qui eut lieu dans la salle d'armes de Grisier, à minuit, le jeudi de la mi-carême 20 Février, un mois à peine après mon arrivée à Paris. M. de Beauvallon n'étant pas arrivé à temps à ce rendez-vous, j'avais pris sur moi de tout arranger; deux heures plus tard je le rencontrai au bal de l'opéra, il vint à moi s'excuser d'avoir manqué le rendez-vous; je m'excusai à mon tour d'avoir pris sur moi de tout terminer en son absence, il eut la politesse de ne pas en paraitre surpris. Voilà quelles étaient mes relations avec M. de Beauvallon quand le samedi 8 mars je reçus de lui le billet dont je donne ici la copie: l'original se trouve avec les autres papiers saisis chez moi lors de la perquisition qui y fut faite au mois de juillet 1846 pendant mon voyage en Italie.

„Mon cher capitaine, hier à la suite d'un diner aux Frères provençaux, j'ai eu avec le Sieur Dujarrier une discussion qui m'oblige à lui envoyer deux de mes amis. Je prends la liberté de m'adresser à vous, qui m'avez inspiré une si vive sympathie par votre loyauté et votre franchise militaire: j'écris aussi à Roger. Recevez d'avance mes remerciments et croyez à toute ma gratitude."

Ce billet de M. de Beauvallon dut me surprendre, et me surprit en effet: d'après le peu de temps que nous nous connaissions, et le peu de relations que nous avions eues ensemble, je ne me rendais pas compte de ce que lui, homme de lettres, établi à Paris, écrivant dans un journal, ayant de nombreux amis, eût pensé à moi, connaissance de quelques jours, pour le seconder dans une circonstance aussi grave: je dus donc attribuer son choix à mon extrême modération dans l'affaire où il avait été témoin avec moi; d'après cela je me persuadai qu'il n'y avait rien de sérieux dans cette discussion et qu'elle serait même beaucoup plus facile à arranger que la précédente. D'un autre côté, si

M. de Beauvallon, n'était pour moi qu'une simple connaissance, il était l'ami de Roger de Beauvoir; en refusant j'aurais craint d'être désagréable à ce dernier, qui, comme on l'a vu par le billet de M. de Beauvallon, devait être témoin avec moi: enfin j'acceptai, mais avec l'intime conviction qu'on ne se battrait pas.

Je me rendis donc chez M. de Beauvallon où je trouvai Roger de Beauvoir:

J'allais t'écrire, me dit celui-ci, pour réclamer de toi le même service que Beauvallon, quand j'ai reçu son billet dans lequel il me dit que je te trouverai chez lui. Roger me raconta alors qu'à ce même diner des Frères provençaux, M. Dujarrier avait été de fort mauvais goût dans ses plaisanteries à son égard et qu'enfin, malgré ses observations, ayant persisté à blesser son amour-propre à plusieurs reprises d'une manière inconvenante, il voulait, lui aussi, lui demander une satisfaction.

Je priai alors M. de Beauvallon de vouloir bien me raconter à son tour le motif de sa querelle avec M. Dujarrier, et voici ce que j'appris.

Un grand diner avait eu lieu la veille aux Frères provençaux; c'était une sorte de pique-nique, auquel, par exception, on avait invité M. Dujarrier. Après diner on se mit à jouer le lansquenet. La partie durait depuis quelque temps, et était montée à un taux très élevé, quand le tour d'être banquier arriva à un M. de Saint-Aignan. Comme celui-ci jouait beaucoup moins gros jeu que les autres, M. Dujarrier lui proposa de mettre ving-cinq louis dans sa banque; M. de Beauvallon en mit cinq et lui-même en engagea cinq, ce qui en tout faisait trente-cinq louis. Malheureusement au lieu d'annoncer trente-cinq louis, M. de Saint-Aignan n'en annonça que trente; je les tiens, dit M. Alfred de Flers. Le banquier tira les cartes et gagna. Tenez vous encore le coup? demanda M. de Flers. Sur la réponse affirmative des interessés, le banquier retourna les cartes et gagna encore. M. de Flers avait perdu trente louis la première fois, soixante la seconde, il paya quatre-vingt-dix louis: M. Dujarrier, qui avait gagné vingt-cinq louis la première fois et cinquante la seconde, prit soixante et quinze louis; M. de Beauvallon qui en avait gagné cinq et dix en prit quinze, et il ne resta rien du tout pour le banquier, qui s'aperçut alors seulement qu'il s'était trompé, qu'il avait annoncé cinq louis de moins le premier coup, ce qui fesait une différence de quinze louis après le second coup.

M. de Beauvallon, ne voulant pas que M. de Saint-Aignan, qui avait eu l'obligeance de l'admettre ainsi que M. Dujarrier dans sa banque, supportât toute la perte, proposa alors à M. Dujarrier qu'elle fût partagée par tous trois. M. Dujarrier répondit fort brusquement qu'il avait joué vingt cinq-louis et fait paroli, qu'il n'avait que son compte et que c'était à ceux qui fesaient des erreurs de les supporter. Strictement M. Dujarrier avait raison; comme homme du monde M. de Beauvallon trouva qu'il avait tort et il insista pour que M. de Saint-Aignan ne supportât que le tiers de l'erreur. Il s'engagea alors une discussion entre M. M. Dujarrier et Beauvallon, discussion qui, du consentement de tous, fut renvoyée à la fin de la partie afin de ne pas en interrompre le cours.

Le jeu étant fini, M. Dujarrier qui avait perdu une somme assez forte, remit à chacun de ses créanciers une carte avec le chiffre de la somme qu'il lui devait: quant à M. de Beauvallon, dont plus tard il était devenu le débiteur de dix louis, au lieu de lui remettre sa carte comme aux autres, il fit appeler M. Collot le restaurateur, lui demanda dix louis et les remit tout de suite à M. de Beauvallon. Il y avait là, tout le monde en conviendra, un procédé blessant; M. de Beauvallon le sentit, et, se rappelant seulement alors la discussion qui avait eu lieu pendant la partie, il pria M. Dujarrier de vouloir bien régler le coup qui était resté en litige à la suite de la banque de M. de Saint-Aignan. Monsieur, lui répondit M. Dujarrier, en élevant la voix et d'un ton acerbe, j'ai cette nuit tour-à-tour gagné et perdu vingt-cinq mille francs, tout le monde m'a payé, j'ai payé tout le monde, je ne dois rien à personne et ne veux plus entendre parler de rien. Monsieur, reprit M. de Beauvallon, je vous ai parlé poliment, vous me répondez d'une manière impertinente, je vous ferai dire demain par deux de mes amis que je ne me tiens pas pour satisfait.

Voilà, presque mot-à-mot, ce qui me fut raconté par M. de Beauvallon en présence de Roger de Beauvoir, et j'ai acquis plus tard la preuve que ce récit était d'une entière exactitude. Je ne vis rien de bien grave dans tout cela, et, à moins d'y mettre une bien mauvaise volonté, je restai plus convaincu que jamais que rien ne me serait plus facile que d'arriver à un accommodement.

C'est dans cette conviction que je me rendis chez M. Dujarrier avec M. Alfred de Flers qui m'avait été adjoint comme témoin, vu que M. Roger de Beauvoir ne pouvait être à la fois témoin et provocateur.

C'est ici que commence ma mission de témoin, nous

allons voir comment je m'en suis acquitté. M. Dujarrier n'est plus, mais M. M. de Flers, de Boigne et Arthur Bertrand savent si tout ce que je vais dire est vrai [1].

Je ne demandai d'abord à M. Dujarrier qu'une chose, c'est qu'il voulût bien me dire qu'il n'avait pas eu l'intention la veille de blesser M. de Beauvallon. Cette simple déclaration m'aurait suffi, et, dans le. cas où M. de Beauvallon ne s'en serait pas contenté, je me serais bien certainement retiré: on sait de quelle manière je fus reçu par M. Dujarrier.

Un accommodement devenant impossible, je cherchai à rendre la rencontre, devenue inévitable, la moins dangereuse possible. Je proposai donc l'épée, et j'avais le droit non seulement de la proposer, mais même de l'exiger, puisqu'en ne voulant pas convenir qu'il n'avait pas eu l'intention d'offenser M. de Beauvallon, M. Dujarrier acceptait le rôle de provocateur. Les témoins de M. Dujarrier ne voulurent pas entendre parler de l'épée. D'après le vœu de M. de Beauvallon, je dus céder et accepter le pistolet. J'offris alors mes pistolets d'arçon, arme, comme l'on sait, peu dangereuse, on se moqua de moi. Il fallut tirer au sort les pistolets de M. M. Alexandre Dumas et Granier de Cassagnac; le sort désigna ceux qui appartenaient à ce dernier: et qu'on le remarque bien, le sort les désigna à neuf heures et demie du matin, le jour même de la rencontre, deux heures après

---

[1] Tous les faits rapportés dans les notes, remises par M. d'Equevilley à Mᵉ Cremieux, ont été prouvés et reconnus vrais, tant par les débats du procès de Rouen que par ceux de la cour d'assises de la seine dans ses audiences des 12, 13 et 14 Août 1847.

le moment où M. de Maynard prétend qu'ils ont été essayés par M. de Beauvallon, et quand celui-ci ignorait que ce seraient ces armes qui serviraient au duel. Sur le terrain, au lieu de trente cinq pas comme on en était convenu, je fis en sorte que les adversaires fussent placé à trente cinq enjambées, c'est-à-dire, à plus de cinquante pas. Non content de cela, j'offris au témoin de M. Dujarrier, qui chargeait les pistolets avec moi, de quintupler la charge de poudre, ce qui infailliblement empêchait un malheur; il ne voulut pas y consentir.

Voilà en peu de mots ma conduite, de moi le témoin accusé. Voyons celle des autres.

D'abord M. de Flers. Devant la cour d'assises de Rouen M. de Flers a dit qu'il ne me connaissait pas; je ne lui en fais pas un crime, je ne le connaissais pas davantage; mais il a déclaré qu'il ne connaissait guère plus M. de Beauvallon, qu'il l'avait vu deux ou trois fois et seulement depuis quelques jours. Pourquoi lui sert-il de témoin lui qui a assisté au diner des Frères provençaux et à la nuit de jeu qui s'en suivit, et qui, dans la discussion de jeu, a positivement donné tort à M. de Beauvallon? Il faut tout dire: M. Dujarrier a tutoyé la maitresse de M. de Flers, il lui a dit à haute et intelligible voix, en pleine table, devant tout le monde, et en frappant sur l'or de son gousset, „dans un mois je coucherai avec toi." J'aurais compris M. de Flers comme combattant, je ne le comprends pas du tout comme témoin.

Passons aux témoins de M. Dujarrier.

M. de Boigne d'abord. Ce fut le lundi 10 mars que

j'ai eu une première entrevue avec lui; il me reçut fort cavalièrement: il s'étonna de la susceptibilité de Roger de Beauvoir, qui était beaucoup plus endurant quand lui de Boigne avait été obligé de se battre pour lui, dans une circonstance qu'il essaya de me citer. Arrivé à M. de Beauvallon, il estropia son nom d'une manière inconvenante. Le lendemain c'est encore lui qui, à neuf heures du matin, quand je lui présentai mes pistolets d'arçon, s'écria; „mais, Monsieur, c'est donc une plaisanterie; en Espagne, peut-être, on se bat avec de telles armes, mais en France il nous faut des pistolets de combat et à balles forcées." C'est alors que, ne comprenant pas comment un homme qui prétendait vouloir arriver à un accommodement pouvait me tenir un pareil langage, je lui dis „eh bien: soit, Monsieur, j'en ai d'excellents dans ma voiture, ils ont couté six cent francs chez Devisme, et sont, je l'espère, dans les conditions que vous semblez exiger."

Lorsque nous arrivons sur le terrain, c'est encore M. de Boigne qui nous reçoit par ces mots, *ah bigre, ah fichtre, S. N. de Dieu, vous vous êtes fait b . . . . t attendre*, et aussitôt après il nous parle de ses nombreux duels. Il s'arroge le droit de tout diriger, il marque les places, explique de nouveau aux champions les conditions du combat, fait de nombreuses, et je lui en demande pardon, fort sottes recommandations à son ami, puis il donne le signal. Le coup de feu de M. Dujarrier résonne encore qu'il s'écrie, „mais f . . . . . tirez donc!" puis il s'en va disant que M. de Beauvallon, qui d'après les conditions du combat devait rendre inmédiatement le feu, a visé quarante ou cinquante secondes, c'est-à-dire qu'il a été quarante fois lâche en ne se précipitant pas devant le pistolet de M. de Beauvallon pour l'empêcher de faire feu.

Maintenaut M. Arthur Bertrand: — Celui-ci, en homme bien élevé, fut parfaitement convenable sous le rapport de la politesse; mais je dois déclarer que jamais homme plus nul ne fut choisi pour être témoin dans un duel. M. de Boigne dirigea tout, M. Bertrand dut seulement charger les pistolets avec moi. Nous sommes seuls et à l'écart: „Monsieur, lui dis-je, avec des armes de cette précision, un malheur est inévitable, Dieu seul, vous et moi qui sommes deux hommes de cœur, pouvons l'empêcher; quintuplons la charge, et, à la distance où ces M. M. vont être placés, le coup portera bien au-dessus de leurs têtes." M. Bertrand, met la charge ordinaire, en me disant que la distance est très longue, et qu'une faible charge lui parait moins à craindre; puis il bourre trois fois plus qu'il ne faut ..... Qu'elle profonde ignorance!! M. Bertrand, qui convient bien de ma proposition, prétend qu'il m'a proposé d'en référer aux autres témoins, ... quelle sottise! Quelle dérision! .... puis M. Bertrand va raconter l'histoire de son doigt noirci de poudre, et renchérissant sur M. de Boigne, M. de Beauvallon aurait visé deux minutes, c'est-à-dire, qu'au lieu de quarante fois, c'est cent vingt fois *lâche et coupable* qu'il aurait été en laissant faire feu sur son ami.

Un cinquième personnage, qui joue même le rôle principal dans ce nouveau procès, c'est M. de Maynard.

M. de Maynard est le compatriote, le compagnon de voyage, l'ami le plus intime de M. de Beauvallon, qui, en me le présentant, me dit: „voilà l'homme que j'aime le plus au monde, c'est plus qu'un frère, c'est un ami sincère."

Aussi je ne devais être que le témoin de M. de Beauvallon, c'était son ami, son frère, qui devait être son second, s'il n'eût craint de se mettre trop en évidence à cause de ses nombreux créanciers.

M. de Maynard vient dire maintenant que son ami est un lâche, un homme qui n'a ni foi ni loi, qui, au mépris d'une parole donnée, manquant à une convention sacrée, est allé essayer les pistolets qui deux heures plus tard devaient servir à donner la mort à son adversaire; et c'est devant lui Maynard que cette action déloyale a été consommée, et cela avec sa coopération!... Mais il ne parle pas de ma présence à cet essai ou prétendu essai. J'ai là sous les yeux ses deux dépositions devant le juge instructeur, on y cherche en vain un mot qui puisse même faire supposer que j'y ai assisté; il raconte cependant avec les plus minutieux détails tout ce qui s'y serait passé; la raie faite par lui sur le mur, les armes chargées par lui, le nombre de coups de feu qu'il a tirés lui-même, ses conseils, ses compliments à son ami sur la justesse de son coup-d'œil; mais de moi, il n'est pas fait mention. Bien plus encore, j'ai là une lettre de lui à M. de Cassagnac; et dans cette lettre au beau-frère de son ami, tout en maintenant son accusation contre celui-ci, il ne parle pas davantage de ma présence; il se plaint seulement que „M. d'Equevilley, le plus innocent des hommes, lui ait donné un démenti tiré à trente mille exemplaires;" comme si j'aurais du laisser calomnier tranquillement l'homme dont j'avais été le témoin sans être l'ami, et dont je devins l'ami après en avoir été le témoin. Enfin des lettres de M. de Juigné, des dépositions de M. M. Lejosne, A. Bertrand, Arnoux, Auger, de la Rifaudière, tous amis de M. de Maynard, il résulte que jamais il n'a fait mention de ma présence, lors de ses perfides confidences [1]. Mais, lui M. de Maynard, il a assisté et suivi avec la plus grande attention les débats du procès de Rouen, il a gardé le silence; bien plus, tout le monde l'a vu, après le verdict du jury s'élancer le premier dans les bras de son ami, le féliciter avec effusion et les larmes dans les yeux sur son acquittement. Si une infamie a eu lieu, si une lâcheté a été commise, ce sont les deux créoles, les deux amis qui s'en sont rendu coupables ....! Où j'ai perdu tout bon sens, tout sentiment de justice et de raison, où le véritable complice, plus encore, l'instigateur du crime, s'il y a eu crime, c'est M. de Maynard; pourquoi donc n'occupe-t-il pas ma place dans cette prison?...

Je n'en finirais pas si je voulais relever tous les mensonges, tous les faux témoignages des témoins entendus dans l'instruction. Je comprends M. Cottenet et ses odieuses calomnies; il se venge du père, qu'il n'a pu dépouiller à son gré, en assassinant le fils; mais ces gens que je ne connais pas, que je n'ai jamais vus, auxquels je n'ai jamais fait ni bien ni mal, ceux-là je ne les comprends pas.

Un monsieur Clergé, qui m'appelle Vincent tout court, probablement parcequ'il trouve mon nom trop long, tandis que, trouvant le sien trop court ou trop laid et peut-être l'un et

---

[1] Ce fut en effet à l'audience du 12 août que, pour la première fois et sur la demande du président des assises, M. de Maynard déclara que M. d'Equevilley assistait aussi à l'essai des pistolets. Une copie de la déposition de M. de Maynard devant le juge instructeur, copie extraite du greffe du Palais de justice, a été déposée avec toutes les pièces justificatives de cet ouvrage dans l'étude de M. Hoffman, notaire à Francfort ·/M.

l'autre il l'allonge et l'embellit en y ajoutant de Saint-Léger;
pourquoi pas de Moulins et autres lieux?

Et ce Monsieur le Vicomte d'Albon, capitaine au service de Sardaigne, en temps de paix bien entendu, qui, sans ni rime ni raison, vient mentir à la justice en disant que je suis mal vu à Madrid, que je ne suis pas admis au casino etc. Je réponds à ce monsieur en lui prouvant qu'il a menti. En 1838 j'étais déjà membre du Casino, c'était le comte de las Navas [1] qui m'y avait présenté; depuis je n'ai pas cessé d'y être admis toutes les fois que j'ai été à Madrid. Voici mes cartes d'admission:

Casino du Prince. Billet de présentation.
M. le vicomte Victor d'Equevilley.
Le président le marquis de *Casa Irujo* [2].
Le secrétaire *M. Lasheras.*
Présenté par Don Carlos de la Torre.

Madrid 30 Septembre 1843.

Casino du Prince. Billet de présentation.
M. le vicomte Victor d'Equevilley.
Le président *Jose de Salamanca* [3].
Le secrétaire *Miguel de los Santos Bañuelos* [4].
Présenté par Don Carlos de la Torre.

Madrid 20 Avril 1845.

---

[1] A cette époque député pour la province de Salamanca.
[2] Maintenant Duc de Sotomayor, Ambassadeur d'Espagne à Londres.
[3] Ministre des finances.
[4] Député pour la Catalogne.

Casino du Prince.   Billet de présentation.

M. le vicomte d'Equevilley.

Le président *F. de Casamayor.*

Le secrétaire *Felipe Machon.*

Présenté par Don Ventura Barcastegui.

Madrid 17 Décembre 1846.

Comme on vient de le voir, Don Carlos de la Torre a été deux fois mon parrain, et le colonel Barcastegui, ancien aide de camp du Régent, une fois lors de mon dernier séjour à Madrid. Maintenant joignez à cela le certificat qui m'a été délivré par les membres les plus influents du Casino [1], des officiers généraux, des députés, des grands d'Espagne, et cela au moment même ou je quittais ce pays pour venir me constituer prisonnier; qu'on relise ensuite la déposition de M. l'ex-capitaine Sarde d'Albon, et l'on sera forcé de convenir qu'en y mettant toutes les formes, avec la plus grande politesse possible, on ne peut s'empêcher de lui dire, „M. le vicomte d'Albon, vous avez menti à la justice, et cela sous la foi du serment; comment qualifie-t-on une semblable action? Si vous voulez le savoir, je vous renvoie aux articles 361, 463, 21 et 22 du Code pénal; je les connais, moi, qui grâce à vous et à ceux de votre espèce, me vois menacé par eux."

Et M. de Guise, qui prétend dans sa déposition *que la*

---

[1] Le certificat, dont il est fait mention dans les notes de M. d'Equevilley, se trouve à la fin de la seconde partie de ces pièces justificatives.

salle des témoins à Rouen ressemblait à une salle de festin, dont je fesais les honneurs, imposant à chacun la manière dont il devait parler à la justice. S'il me prête un rôle odieux, il prête un rôle bien plus ridicule, bien plus odieux encore à tous ces témoins qui auraient eu l'insigne lâcheté de se laisser ainsi influencer par les menaces coupables d'un seul homme. Heureusement pour eux et pour moi qu'il n'en a pas été ainsi. Qu'on interroge tous les témoins de Rouen, je les fais tous assigner, Alexandre Dumas et son fils, Roger de Beauvoir, Grisier, M. M. Alfred et Charles de Flers, Bertrand, de Boigne, Cambier, Delaselle, tous enfin, ceux-là même qui étaient les plus hostiles à M. de Beauvallon; et s'il en est un seul qui dise avec M. de Guise que j'ai cherché à l'influencer, eh bien, c'est moi qui mens et M. de Guise a dit vrai, ... Mais non, il n'en sera pas ainsi, personne n'a peur de moi, maintenant que je suis en prison, je ne peux plus influencer personne, et tous diront que M. de Guise a rêvé, à moins que je me sois adressé à lui seul, homme âgé, homme sérieux, dont la profession de médecin devrait être un sacerdoce, pour exiger de lui par voie d'intimidation qu'il mente à la justice, qu'il dépose d'une manière contraire à sa conscience: non, mille fois non, cela n'est pas possible, cela n'est pas vraisemblable, cela n'est pas vrai! .... Vous aussi, M. de Guise, vous avez menti sans pudeur, parceque vous avec cru pouvoir le faire impunément à propos d'un homme que vous jugiez un aventurier sans nom, sans fortune, sans famille et sans amis.

Je ne veux pas essayer de répondre à toutes les infâmes calomnies dont, grâce à tous ces odieux mensonges et plus odieux menteurs, l'acte d'accusation s'est fait l'écho, quand il était si facile d'arriver à la vérité.

On ne trouve rien de mieux d'abord que de me reprocher de vouloir faire le grand seigneur, tandis que mon père a occupé l'emploi de percepteur, il y a de cela trente et quelques années, quand il avait ving-tcinq ans.

Né en 1782, mon père était un tout jeune enfant quand éclata la révolution; il ne put pas suivre son père, ses oncles en émigration; il resta près de sa bonne et excellente mère, qui, quoique ayant perdu presque toute sa fortune, n'en avait pas moins fait de sa maison l'asile, le refuge de tous les proscrits, prêtres ou émigrés et le nombre en était grand alors. En 1808, mon père épousa la fille du plus riche maitre de forges de la Franche-Comté. Malheureusement, à la suite de faillites énormes et de désastreux procès avec le prince de Bauffremont et M. le duc de Choiseul, ce dernier ayant eu plus tard la déloyauté d'évoquer la prescription pour se libérer d'une somme considérable, l'immense fortune de mon grand-père maternel se trouva presque réduite à néant, et il ne put donner qu'une très faible dot à ses nombreux enfants, il en avait eu onze.

La famille de mon père, je viens de le dire, avait été en grande partie ruinée par la révolution, il se décida, d'après les instances qui lui furent faites, à solliciter un emploi du gouvernement. A cette époque, l'empereur désirait tellement s'attacher les familles nobles, qu'aussitôt après avoir remis sa demande à M. le baron Hilaire, alors préfet de la Haute-saône, mon père, qui avait demandé une perception, reçut sa nomination de percepteur et de receveur des contributions directes et indirectes, c'est-à-dire trois fois plus qu'il n'avait demandé; et il se trouva à vingt cinq ans remplir trois emplois de confiance, et certes bien aussi honorables que celui d'accusateur public et de calomniateur à gage: du reste, à la première rentrée des Bourbons, en 1814, il s'empressa de donner sa triple démission.

Comment peut-on dire qu'on ne me connait aucun ressource? Ne suis-je pas le fils d'un des plus grands propriétaires de l'arrondissement de Jussey (Haute-saône)? N'ai-je pas moi-même la fortune de ma mère? M. Bailly, notaire à Vesoul, n'a-t-il pas entre les mains une obligation de quarante mille francs, qui me sont dus par mon père pour une vente que je lui ai faite; obligation passée dans son étude le 4 Septembre 1841, qui n'est remboursable que le 4 Septembre de cette année 1847, et dont il me paye l'intérêt à cinq pour cent? Enfin n'ai-je pas toujours eu les émoluments de mon grade? Le rédacteur de l'acte d'accusation est donc bien riche, puisqu'il appelle cela n'avoir aucune ressource?

Et cette jeune et sainte femme, dont l'acte d'accusation ne craint pas de parler, afin de me rendre encore plus odieux; la justice n'avait pour savoir qui elle, est qu'à le demander à son oncle M. Fournier, un employé supérieur du gouvernement, à l'ami intime de son oncle, son ami d'enfance qui ne l'a jamais quitté, M. Eugène Scribe de l'académie française; et la justice aurait appris qu'elle est la petite fille du docteur Fournier, médecin particulier de l'infortunée Reine Marie Antoinette, qu'elle est la nièce de M. le premier président Pirot de Crépy, la nièce de M. Roux l'intendant militaire, qu'elle appartient enfin à une des familles les plus riches, les plus vénérables et les plus vénérées de la Lorraine, qu'elle n'a donc besoin de personne pour vivre selon son rang [1].

Je ne veux pas aller plus loin, je m'arrête ici, et j'attends avec confiance le grand jour des débats.

Prison de la Conciergerie Mai 1847.

VICTOR D'EQUEVILLEY.

On voit par la lecture de ces notes, qui furent écrites quelques jours après que M. d'Equevilley se fut constitué prisonnier, et auxquelles nous n'avons voulu rien retrancher, que, si dans sa prison M. d'Equevilley éprouvait du dégout et de l'indignation contre les calomnies et les calomniateurs, il n'en était pas moins plein de confiance dans la justice et attendait avec impatience son arrêt. Hélas! Il ne tarda pas à avoir une cruelle désillusion. Il avait oublié le fameux mot du premier président d'Aguesseau: si j'étais accusé d'avoir volé les tours de notre-dame, je commencerais par fuir la justice des hommes.

---

[1] Marie Félicie David-Fournier d'Equevilley est morte à l'âge de 28 ans le six mars 1848; Dieu a voulu que ce soit dans les bras de son mari, rendu à la liberté le 25 Février. Elle s'était mariée à la prison de la Conciergerie le 21 Septembre 1847; ses témoins étaient M. Gauguier, ancien député des Vosges, et M. le chevalier Michaud auteur des byographies contemporaines: ceux de M. d'Equevilley étaient le général Prim Comte de Reus et M. le Marquis Achille de Jouffroy, qui avait été un des témoins à décharge de son procès. Qu'ont du penser ceux qui venaient de flétrir M. d'Equevilley par une condamnation infamante, quand ils ont vu le condamné de la veille, assisté le lendemain d'une des plus grandes gloires militaires de l'Espagne, d'un des plus grands noms de la noblesse française, d'un des plus vastes génies de la science et de l'industrie moderne?

Le chevalier de Bémon [1]*, capitaine en retraite, à d'Equevilley, à la Conciergerie.*

Saint-Germain-en-Laye 3 Août 1847.

Mon cher Victor,

J'ai diné hier avec La Poincte et lui ai fait ta commission; par la lettre, qu'il m'a remis pour toi, et que je
t'envoie ci-jointe, tu verras que non seulement il consent à
ce que tu le fasses assigner, mais qu'il va s'occuper de voir
quelques uns de vos anciens camarades de l'école préparatoire de Versailles, Messieurs de Page, Manuel et autres,
pour que tous viennent te laver des calomnies auxquelles
tu es en but.

Attends nous mardi à déjeuner, La Poincte te portera
es adresses de ces Messieurs pour que tu puisses leur faire
parvenir des assignations.

Tout à toi de cœur, ton cousin et ami.

Ch^{er} DE BÉMON.

PLAINTE EN FAUX TÉMOIGNAGE ET DÉNONTIATIONS CALOM-
NIEUSES CONTRE LE SIEUR **COTTENET**, ANCIEN NOTAIRE,
MAIRE DU PREMIER ARRONDISSEMENT DE LA VILLE DE PARIS [2].

A Monsieur le procureur général près la cour Royal de Paris.

M. Denis Victor Vincent d'Equevilley, propriétaire, demeurant au château du grand bois près Jussey (Haute-
Saône) a l'honneur d'exposer les faits qui suivent:

---

[1] M. de Bémon, ancien garde du corps, capitaine de grenadiers
au 19ème de ligne depuis 1830, a pris sa retraite il y a deux
ans: il est aujourd'hui capitaine adjudant-major de la garde
nationale de St. Germain (extrà muros). Il fut entendu comme
témoin à décharge dans le procès de M. d'Equevilley.

[2] C'est M^e. Jules Favre qui a bien voulu se charger de la ré-

Le plus cruel des malheurs vient de m'atteindre, frappé à la fois dans mes affections, dans l'honneur de mon nom, convaincu que la justice s'est égarée en appesantissant sa main rigoureuse sur mon fils qu'elle a foudroyé, j'ai le droit, non seulement de chercher à adoucir les tourmens de la victime, mais encore de découvrir, de dénoncer les causes secrètes de la misérable intrigue à laquelle il a succombé, et, s'il se peut, de le réhabiliter aux yeux mêmes des hommes qui l'ont condamné.

Cette double tache est celle à laquelle je voue ce qui me reste de force et de vie, et, pour la commencer, cédant à l'impulsion de ma conscience, je vous signale, Monsieur le procureur général, le sieur Cottenet, ancien notaire, comme s'étant rendu coupable du crime de faux témoignage contre mon malheureux fils.

Il est inutile, je le pense, de retracer les circonstances de la déplorable affaire dans laquelle mon fils a figuré. Vous vous rappelez, Monsieur le procureur général, que, poussé par une fatalité funeste il fut choisi comme témoin du duel de M. Beauvallon, et que, lors des poursuites dirigées contre ce dernier, il fut un instant mis en prévention comme complice, mais bientôt écarté par la chambre du conseil.

Le jury de Rouen rendit un verdict négatif en faveur de Beauvallon. Malgré l'acquittement qui en était la conséquence forcée, la partie civile réclama, elle obtint de la cour une condamnation à vingt mille francs de dommages

----

-daction de cette plainte, déposée par M. d'Equevilley père entre les mains de M. le procureur général Delangle.

intérêts. Beauvallon quitta la France sans payer cette somme, et l'irritation qu'en ressentit la partie civile ne fut point étrangère aux sourdes dénonciations dont peu de temps après mon fils devint l'objet.

Retourné en Espagne où il servait avec honneur et distinction, il n'était pas là pour repousser les calomnies qui, d'abord timides et cachées, prirent bientôt plus de consistance. J'appris pas hasard qu'une instruction allait être provoquée; je le lui écrivis sur le champ, le suppliant s'il redoutait quelque chose, de ne point abandonner la position brillante et sûre qu'il occupait. Il n'hésita point à revenir en France s'exposer aux coups de ses ennemis: à la justice de ses juges.

Ce fut à ce moment que M. Cottenet, ancien notaire, maire de l'un des arrondissement de Paris, fut appelé chez Monsieur le juge d'instruction pour y donner des renseignemens sur mon fils et sa famille.

Etranger aux faits du procès, M. Cottenet pouvait jeter quelque lumière sur la moralité, sur la position sociale, sur les antécédens de l'accusé. Et vous n'ignorez pas de quelle importance sont ces documens, dans une cause toute d'impression où l'appréciation du caractère joue un rôle si décisif.

M. Cottenet était d'ailleurs fort bien placé pour éclairer la justice: en relation d'affaires avec moi depuis plus de vingt années, il a passé plus de cent actes pour moi. C'est lui qui a opéré la liquidation de la communauté et de l'hoirie de ma femme, c'est lui qui a reçu nos actes d'arrangement avec mon fils.

Eh! bien, qui le croirait, sa première parole est une

audacieuse atteinte portée à la vérité sur un fait de la plus haute importance, et qu'il connaissait de science certaine. Je transcris sa déposition:

„Je connais depuis longtemps la famille *Vincent.* Le père était percepteur du côté de Jussey (Haute-Saône) c'est un homme sans éducation, *d'une famille au-dessous de la bourgeoisie,* qui doit posséder aujourd'hui un patrimoine de trois cent mille francs qu'il s'est crée au moyen de spéculations heureuses sur les propriétés immobilières."

„L'un de ses enfans, *son fils a joint à son nom celui de d'Equevilley qui est le nom d'un petit village voisin du lieu qu'habite son père.* Je sais qu'il se fait appeler Vicomte, mais il n'a aucun droit à ce titre."

Ainsi à entendre le témoin, homme considérable et dont toutes les paroles sont graves, mon fils a volé le nom qu'il porte. Issu d'une famille au-dessous de la bourgeoisie, il a eu la coupable fantaisie de la renier pour s'illustrer d'un nom de village et d'un titre usurpé! Jamais ni lui ni son père n'ont eu d'autre nom patronymique que Vincent.

Qui le croirait? en affirmant hardiment ces faits M. Cottenet mentait, il savait qu'il mentait et j'en ai la preuve écrite de sa main dans une volumineuse liasse de lettres qu'il m'a écrites et adressées, et toujours sous le nom de d'Equevilley, qui est le mien parcequ'il est celui de mes ancêtres et que j'ai bien eu le droit de le transmettre à mon fils.

Ce n'est pas tout: dans les actes multipliés qu'il a reçus pour moi, pour les membres de ma famille, pour mon fils, dont les minutes sont dans son étude, et les expéditions signées de lui dans mes mains, il ne nous a jamais donné d'autre nom que le nôtre Vincent d'Equevilley.

Ce n'est pas tout encore: il a marié un de ses proches parens à ma fille, et lors de cette union il s'est convaincu de la réalité de notre noblesse; c'est lui qui a rédigé le contrat de mariage.

Et il ose dire en face de la justice que mon fils à usurpé son titre et son nom.

Il ose ajouter à la formidable prévention qui pèse sur lui, cette écrasante révélation qui le range dans la méprisable catégorie des chevaliers d'industrie et des roués.

Je ne crains pas de le dire; ce mensonge fut un coup de poignard pour l'infortuné qui ne pouvait ni le prévoir ni l'éviter. À partir de ce moment le magistrat n'hésita plus. Toutes les rigueurs furent permises contre l'homme taré, dénoncé par un personnage considérable. L'opinion publique elle-même se pénétra de ce venin. J'ignore comment la procédure, ordinairement secrète, laissa transpirer ses mystères au dehors, mais partout, dans les salons, dans les lieux publics, jusque dans les colonnes des journaux mon fils fut présenté comme une sorte d'escroc sur lequel les sévérités de la loi ne péseraient jamais assez. Ces impressions, une fois livrées à la malignité, ne pouvaient plus être effacées, ce sont elles qui ont perdu mon fils; resté debout avec son véritable caractère, il eut été invulnérable, et le jury n'aurait pas été entraîné à la déplorable erreur qu'il a commise.

Du reste M. Cottenet ne s'arrête pas à ces premiers mensonges, la suite de sa déposition est tout aussi calomnieuse, tout aussi fausse, il poursuit:

„Monsieur *Vincent* a trois enfans, deux filles et le fils en question, au décès de leur mère en mil huit cent trente deux ou mil huit cent trente trois la fortune de leur mère a été assez importante pour que chacun des enfans ait eu en partage cinquante mille francs environ, lors de la liquidation qui a eu lieu quelques années après, le père avait déjà avancé au fils une somme de vingt mille francs environ et ne restait plus lui devoir que 30,000 fr. dont il lui sert encore les intérêts."

„Le jeune Vincent qui peut avoir aujourd'hui trente-un ans a mené une vie assez aventureuse, comme il fréquentait ici les cabarets, les mauvais lieux, que son père, après avoir payé des dettes d'honneur, ne voulait plus rien faire pour lui et qu'il était venu le chercher à Paris pour le soustraire aux mauvaises sociétés, il a pris le parti de passer en Espagne où il a pris du service, tantôt pour la Reine tantôt pour les Carlistes, probablement pour celui qui le payait le mieux."

„Je ne sais pas ce qu'il est devenu. Je *sais* qu'on l'a vu cette année aux Eaux d'Aix-la-chapelle où il étonnait par son entrain pour les parties de plaisir, son élégance et le jeu auquel il se livrait."

Ce n'est pas à vous, Monsieur le procureur général, qu'il est besoin de faire remarquer tout ce que cette déposition contient d'accablant. Après l'avoir accusé d'avoir volé son nom, M. Cottenet fait de mon fils un misérable bravo, vendant son épée, au plus offrant, un débauché dangereux qui promène aux eaux thermales son élégance suspecte et son opulence criminelle.

Or tout cela est faux, et M. Cottenet le savait faux.

Il savait que mon fils était parti pour l'Espagne de mon agrément; qu'entré dans un régiment de la Reine il y avait conquis son grade de capitaine par une conduite brave et loyale, par une valeur brillante à laquelle ont rendu hommage tous ses chefs de corps. Les preuves publiques en ont été produites, et l'organe de l'accusation lui-même a reconnu que sur ce point mon fils avait été indignement calomnié.

Quant à cette apparition aux eaux d'Aix-la-chapelle, c'est encore une fable de l'invention du témoin; mon fils ne peut s'y tromper: il n'a jamais mis les pieds dans cette ville, et d'ailleurs à l'époque indiquée il était en Espagne.

Ainsi la déposition de M. Cottenet est fausse dans toutes ses parties. Sciemment il a travesti la vérité; il a de son mieux fourni à l'accusation le droit d'être impitoyable.

Où trouver la cause d'une conduite si coupable?

Je ne puis en découvrir d'autre motif qu'un ressentiment peu honorable. A la suite d'affaires nombreuses, où j'ai agi avec une confiance sans bornes, j'ai été dans la nécessité de réclamer des comptes. M. Cottenet voulait me rendre débiteur de 19,000 fr.; la chambre des notaires, à la suite d'un débat brulant l'a condamné à m'en payer 6,000. Un jugement et un arrêt l'ont contraint à m'en payer quinze cent. Ces procès ont eu de l'écho. J'ai du peu ménager le notaire qui se respectait si peu. Son ancienne amitié s'est changée en haine; et, le jour où le malheur s'est abattu sur ma famille, il a trouvé bon de se venger.

Je tiens, Monsieur le procureur général, à votre disposition toutes les pièces qui justifieront chacune de mes assertions. Vous y verrez à la fois, la source et la preuve du faux témoignage qui nous à été si fatal.

Un dernier mot:

M. Cottenet essaierait-il de se retrancher derrière la jurisprudence de la cour de cassation et de dire que s'il a menti à sa conscience devant M. le juge d'instruction, il s'est rétracté à l'audience et devant le jury, que dès lors son action ne saurait être qualifiée de faux témoignage?

Il ne m'appartient pas d'examiner si, en droit, celui qui comparait devant un magistrat criminel, qui y dépose sous la foi du serment, ne commet pas un crime en altérant sciemment la vérité, mais je refuse à M. Cottenet le bénéfice de sa honteuse excuse. Les témoins de ses réponses, de son attitude à la cour d'assises ne manqueront pas, et tous viendront affirmer qu'il ne s'est point rétracté.

Sans doute, placé en face de moi, forcé de soutenir notre muette indignation, il a faibli sous son mensonge, il a balbutié: si bien que pour expliquer, son trouble, son embarras, la confusion de ses idées, son entourage a été forcé de recourir à la supposition de menaces qui lui auraient été faites dans la chambre des témoins. Mais lorsque M. le Président, le ramenant à ses anciennes réponses, lui a donné lecture du procès verbal signé par lui et par M. le juge d'instruction il a tout confirmé par ces paroles significatives.

„Je n'ai pas dit ici le contraire de cette déposition" (Gazette des Tribunaux séance de la cour d'assise de la Seine du 13 Août 1847.)

Ainsi publiquement interpellé, déposant sous la foi du serment, M. Cottenet a ratifié toutes les calomnies, tous les mensonges que contient sa première déposition, il a permis qu'on imputât son trouble à une manœuvre des amis de l'accusé, c'est-à-dire qu'il a aggravé ses premiers torts, qu'il a ajouté au mal déjà consommé, qu'il a commis un nouveau crime.

Qui peut mesurer l'effet produit sur le jury par ces révélations mensongères? Tous ceux qui les ont entendues disent unanimement, qu'elles ont tué mon fils. C'est donc un devoir sacré pour moi d'en demander justice. Je vous supplie, Monsieur le procureur général, d'ordonner qu'une instruction soit commencée et je déclare dès à présent me porter partie civile.

Paris 18 Octobre 1847. V. d'Equevilley.

Lettres de Mr Cottenet à Mr et à Madame d'Equevilley.

De la volumineuse correspondance de Mr Cottenet avec la famille d'Equevilley, il suffira de lire les extraits suivants entièrement écrits de sa main, pour qu'il ne reste à personne l'ombre d'un doute sur l'évidence de son faux témoignage; que l'on compare la suscription de ces lettres, leur style, avec la déposition de celui qui les a écrites, et qu'on dise s'il existe au monde un homme qui ait jamais aussi impudemment menti devant la justice.

Madame, Madame d'Equevilley.

Madame   Paris ce 18 Mars 1825.

Mr d'Equevilley vous remettra le projet de la ratification que vous devez donner du transport qui a été fait par

Mr Thuret à mes clients, d'une somme de 100,000 francs, à prendre sur les bois de Lessus et de Jussey. C'est tout-à-fait une chose de forme, et vous pouvez signer cette ratification sans avoir la moindre inquiétude: il ne peut en effet, Madame, y avoir aucun inconvénient pour vous et vos intérêts n'en sont point blessés, puisque, en donnant cette ratification, vous ne faites que consentir à ce que les créanciers de cent mille francs passent avant vous sur les bois de Lessus et de Jussey, et que vous ne les subrogez dans votre hypothèque légale qu'en ce qu'elle est relative à ces bois. Comme ils sont d'une valeur bien supérieure à ces 100,000 fr. et que d'ailleurs j'ai entre les mains le double d'une vente de superficie faite par M^r d'Equevilley qui s'élève à deux cent mille francs et sur lesquels je prendrai les fonds nécessaires pour payer mes clients, il en résulte que je ne vois pas que vous puissiez être recherchée jamais sur d'autres biens, ni être inquiétée dans votre fortune particulière. Vous remarquerez qu'au moyen de cette opération je fais cesser une inscription de Mad^e de Bellecote, s'élevant à 65,000 fr. et qui grévait le bois de Jussey.

Je viens d'effectuer la liquidation de la vente des Bordes, M^r votre mari y a fait un grand bénéfice. Je connais très bien ses affaires actuellement et je les vois prospères sous tous les rapports.

Je saisis avec bien de l'empressement cette circonstance, pour vous offrir de nouveau, Madame, l'assurance de mon profond respect et de mon dévouement.

COTTENET.

.....Je connais depuis long-temps la famille Vincent .... Son fils a joint à son nom celui de d'Equevilley, qui est le nom d'un petit village voisin du lieu qu'habite son père ....

(*Cottenet,* déposition en justice.)

A Monsieur Monsieur d'Equevilley à Jussey (haute-saône).

Paris ce 4 Août 1830.

Cottenet, Notaire, rue St. Honoré, N°. 337 près la place Vendôme.

Monsieur et ami,

Bourbonne avec qui j'ai causé il y a quelques jours de vos obligations, m'avait promis de vous écrire deux mots pour vous engager à vous mettre en règle; je ne reçois pas de lettre de vous, ce qui me fait croire que votre gendre a oublié la petite commission dont il s'était chargé. Vous savez comme moi que tout ce que vous avez souscrit d'obligations est à peu près exigible aujourd'hui; ainsi sur les 102,000 fr. que vous devez, je ne vois que les deux créances Dunant et de St. George ensemble de 12,000 fr. qui écheoint au premier septembre de cette année; tout le reste est échu depuis un ou deux ans; pour mon compte je ne trouve pas d'inconvénients à ce que les choses restent en cet état, *parceque je vous connais parfaitement,* mais mes clients, qui n'ont pas le même avantage, désirent régulariser autant que possible leurs affaires; rien ne se conçoit mieux au reste que cette inquiétude générale dans un moment de crise pareil à celui ou nous vivons depuis huit jours ......

Recevez, mon cher Monsieur et ami l'assurance de ma haute estime et de mon sincère dévouement. Cottenet.

Je reçois à l'instant, mon cher Monsieur d'Equevilley, des lettres dans lesquelles on m'annonce etc. .....

Cottenet.

Après ces simples extraits de plus de cent lettres de M.ˢ Cottenet qu'on relise sa déposition et que l'opinion publique en fasse justice en attendant que la justice ait son tour. Si l'on a condamné à dix ans de réclusion un malheureux jeune homme que l'on croyait coupable d'avoir voulu sauver son ami, à quoi condamnera-t-on le misérable, qui a fait condamner un innocent?...

Lettres produites à l'audience du 8 Octobre et dont il a été fait souvent mention aux débats du procès Beauvallon.
15 *Octobre* 1845.

...... „Ma vie est d'une tristesse qui n'a pas de nom; je ne vois personne, je ne vais nulle part. Quand je dis que je ne vois personne, ce n'est pas strictement la vérité. Je vois toujours, et à mon grand regret, votre ami M. de Maynard. Il continue à roucouler de la manière la plus lamentable. Je n'aurais pas trop le droit de me plaindre, si à ces moyens d'un autre siècle se bornaient ses innocentes déclarations; mais il m'adresse régulièrement deux fois par jour des épîtres rédigées dans un style qui me divertirait fort dans toute autre disposition d'esprit. Du reste, vous le savez, je ne suis pas coquette, et ce qui flatterait toute autre fille d'Eve m'ennuie et me fatigue. Hier, il a poussé l'audace jusqu'à se présenter de nouveau chez moi, et là, prenant un air très dramatique, il m'a débité, sans trop manquer de mémoire, une déclaration surabondamment pourvue d'épigrammes et d'allusion blessantes à votre adresse. Pour toute réponse, je lui ai ordonné de se

retirer; alors, faisant parcourir à sa voix grêle et fausse
toutes les gammes de la passion et du dépit, il à formulé
contre vous un anathème digne des boulevards; il savait,
disait-il, que je vous aimais, et que c'était à cause de vous
que je le repoussais; enfin, qu'il se vengerait de vous.

En vérité, je ne sais pas trop où sa colère l'aurait entraîné contre vous, absent, si je ne lui avais fermé la porte
au nez. Il va sans dire que je n'ai pas attaché aux menaces de ce petit Monsieur plus d'importance qu'elles n'en
ont . . . .

. . . . du 24 Juin 1845.

Mon cher Rosemond!

„Je reçois à l'instant votre réponse à la lettre par la
quelle je vous annonçais le duel de mon mari avec M. de
Maynard. Je n'ai pas été contente de cette réponse. Elle
me paie bien mal de ma confiance envers vous; vous êtes,
mon cher ami, comme les flots bleus de votre océan loin-
tain: votre calme renferme toutes les poésies, votre colère
toutes les tempêtes. Il ne faut pas fermer si longtemps les
yeux à l'évidence, mais il ne faut pas non plus voir double
lorsque enfin l'on se réveille. Hier vous ne doutiez de
rien, aujourd'hui vous doutez de tout. Votre âge vous permet de procéder ainsi, mais votre raison vous le défend.
Parceque vous avez cru M. de Maynard un honnête homme,
est-ce à dire que vous devez vous indigner de la sorte
lorsque sa conduite vous prouve le contraire? Est-ce à dire
que vous devez intervenir personnellement dans la question?
Si vous lui écrivez quoi que ce soit, il trouverait moyen
de tourner votre lettre contre vous, et ceux qui ne vous

ont pas entendu jurer entre mes mains de n'avoir plus jamais de duel diraient: voilà Beauvallon qui se pose en redresseur de torts. Il y a plus, ceux qui ne savent pas les nobles sentimens qui vous feraient prendre ma défense en cette occasion ne manqueraient pas d'expliquer votre conduite au détriment de mon honneur. Restez donc tranquille et ayez de la patience; il faut que vous commenciez votre apprentissage de cet art difficile de souffrir en silence, d'être calme devant l'insulte, d'être inactif dans la colère. Sachez avoir le courage de votre position et la force de la modération.

„Vous voyez que je vous retourne les propres expressions de votre dernière lettre, et que je vous demande de vous montrer aujourd'hui ce que vous me promettiez d'être toujours. Du reste, vous vous exagérez beaucoup les choses en croyant que l'action infâme de ce Monsieur peut compromettre ma réputation. Ceux qui nous connaissent tous deux n'admettront jamais, comme possible, une sympathie entre nous.

„En effet quel rapport peut-il exister entre cette nature étroite, perfide et envieuse à l'excès, avec la franchise de mon caractère? Je sais qu'il a été criant par-dessus les toits qu'il s'était battu avec un pauvre mari dont il avait séduit la femme; mais c'est en vain qu'il cherchera à mordre mon honneur, la réputation d'une femme honnête brisée jusqu'aux dents du serpent. Il en a le venin, mais il en a aussi la laideur. Qui croira donc à ses propos de débauché? Ses amis! des comprometteurs de femme comme lui. Eh! n'est-ce pas une honte que d'être bien dans l'opinion de pareilles gens? Pour en finir avec cet homme bouffonnement atroce, disons que n'ayant pu obtenir mon amour il a voulu au moins faire de moi sa victime. Et pourtant, ceci n'est que le commencement, m'a-t-il écrit de sa main encore rouge du sang de mon mari! Jugez par ces quelques mots si j'ai souffert, si je souffre encore! Une mère de famille diffamée par un lâche, telle est ma nouvelle position; et dites maintenant si ce n'était pas un secret pressentiment qui m'inspirait une si profonde aversion pour cet homme que vous nommiez votre ami! Je le craignais pour vous parcequ'il était perfide; que ne l'ai-je craint pour moi! Enfin, soyons résignés: son châtiment est dans l'avenir.

„Vous me demandez des détails sur ce duel; voici comment les choses se sont passées: vous savez déjà que que cet irrésistible jeune homme continuait à me lancer les œillades les plus ébouriffantes de sa fenêtre; ensuite les petits billets sont arrivés; je ne les lisais même pas; c'est alors que trop vivement pourchassé par ses créanciers, il a pris le parti très prudent de se retirer en province, à la Rochelle, je crois, d'où il m'a adressé par la poste, une longue épître qui a été remise à mon mari. Les termes dans lesquels elle était conçue, établissaient heureusement mon innocence. Mon mari, qui est comme vous le savez très violent, écrivit à M. de Maynard, qui fut, de son côté, très insolent. Une rencontre fut alors convenue. Le croiriez-vous! ce Monsieur eut la lâcheté de m'accuser d'avoir remis moi-même sa lettre à mon mari. Je lui fis une réponse qui aurait désarmé un tigre; mais ce qu'il voulait, c'était enlever par le fer un mari à sa femme, un père à son enfant.

„Le duel eut donc lieu aux environs de la Rochelle. C'est du reste mon mari qui s'est jeté lui-même sur l'épée, de son adversaire, qui fuyait devant l'impétuosité de son attaque.

„J'oubliais de vous dire que dans sa dernière lettre il me disait que maintenant qu'il s'était battu pour moi, il attendait sa récompense. Mon mari n'éprouve qu'un regret c'est d'avoir joué sa vie contre celle d'un être aussi méprisable. Enfin j'espère ne plus entendre parler de cet excellent ami de mon cher Rosemond; je souhaite qu'il ait assez appris à le connaître à mes dépens pour l'éviter dans l'avenir.".....

*Les lettres que l'on vient de lire, ont été écrites par Madame L. P*** qui avait offert de comparaitre elle-même comme témoin si son témoignage devenait nécessaire pour attester l'authenticité de ces lettres: elles ont été lues en entier à l'audience de la cour d'assises du 8 Octobre 1847; qu'on juge du supplice de M. de Maynard pendant cette lecture: elles ont paru dans tous les journaux, et dans une brochure intitulée: Défense de Rosemond de Beauvallon, par M. Cappot de Feuillide, imprimée chez Paul Renouard rue garancière N°. 5 à Paris.*

—————

M. d'Equevilley père avait le droit, et c'était même son devoir d'arriver à connaitre la moralité de l'accusateur de son fils: il s'adressa donc à l'archiviste du tribunal du commerce, dont, quelques jours après il reçut la lettre suivante.

Monsieur

C'est à contre cœur que je restai si longtemps à faire la recherche que vous m'avez demandée; la cause est indépendante de ma volonté, car je fus forcé de suspendre ce que je faisais et de m'occuper des recherches pour le parquet de la cour Royale: voilà le seul motif de ma longueur. Enfin j'ai fini, et si vous voulez avoir l'obligeance de passer demain samedi au greffe, je vous donnerai le résultat de mon travail.

J'ai l'honneur de vous saluer.

J. PORTEBLED, archiviste.

25 Juin 1847.

Le résultat du travail de M. l'archiviste, c'était la nomenclature par numéros d'ordre des poursuites et condamnations obtenues contre M. de Maynard. Par égard pour les personnes de sa famille et de ses amis dont le nom se trouve accolé au sien, nous ne publions pas cette nomenclature: nous indiquerons seulement les numéros et les dates, qui faciliteront les recherches pour ceux qui seraient curieux de s'y livrer.

17 Septembre 1845 N° 289.
20 Janvier   1846 N° 372.
 3 Février   1846 N° 674.
26 Juin   1846 N° 173.
31 Juillet   1846 N° 29.

CONDITIONS DU COMBAT.

Voici les conditions du duel, écrites et signées par les témoins, après le tirage au sort des pistolets, chez M. de Boignes:

1° Les combattans seront placés à une distance de 35 pas;

2° Ils pourront avancer chacun de cinq pas.

3° Ils tireront à volonté.

4° Chacun d'eux s'arrêtera après avoir reçu le feu de l'autre.

5° Le feu sera rendu immédiatement.

6° Tout coup râté, coup tiré.

Suivent les signatures des témoins.

Où est donc la fameuse condition des armes inconnues aux combattans? Si elle à existé comme condition essentielle du combat, pourquoi ne l'a-t'-on pas écrite avec les autres? Il n'y a qu'une manière d'expliquer cet inexplicable oubli; c'est que cette condition, absente des conditions écrites, n'a pas été une des conditions du combat, auquel cas elle n'aurait pas été passée sous silence, mais bien une des conventions verbales du tirage au sort des pistolets. Comme telle, elle a pu être arrêtée entre les témoins, et elle a dû être tue aux combattans, auxquels on laisse ignorer, par un honorable sentiment de délicatesse, tout ce qui tend à diminuer les chances fâcheuses du combat. Voilà ce qui explique comment M. Dujarrier a pu essayer les pistolets de M. A. Dumas, avec lesquels on se serait battu cependant si le sort avait favorisé ses témoins; voilà ce qui explique aussi comment M. de Beauvallon n'aurait eu aucun intérêt à nier l'essai des pistolets prétendu par M. de Maynard, car, même en admettant cet essai, il se serait battu loyalement, puisqu'il aurait ignoré la condition verbale arrêtée entre les témoins. C'est, du reste, ce qui a été clairement démontré, soit par les débats du procès de M. d'Equevilley, soit par ceux du procès de M. de Beauvallon. Ce point si grave a été considéré comme un fait acquis, et dans le réquisitoire de M. l'avocat général Bresson contre d'Equevilley, et dans le réquisitoire de M. Thorigny contre Beauvallon. (Extrait de la brochure intitulée : défense de R. de Beauvallon.)

Déclaration des locataires qui habitaient en même temps que M. d'Equevilley la maison de la rue des Batailles, N.º 18, à Chaillot.

Rue de Chaillot, N.º 19, ce 1ᵉʳ Octobre 1847, à Paris.

Nous soussignées déclarons qu'à la date du 11 mars 1845, nous demeurions rue des Batailles, N.º 18, à Chaillot, où M. Victor Vincent d'Equevilley habitait aussi à la même époque; nous déclarons solennellement que, dans la matinée du jour ci-dessus indiqué, nous n'avons entendu aucune espèce d'explosion d'armes à feu, et que nous sommes restées complétement étrangères à tous les propos auxquels a donné lieu le procès où M. d'Equevilley a été engagé. Nous déclarons aussi que nous regardons comme impossible qu'un coup de pistolet ait été tiré dans le jardin, sans que nous l'ayons entendu, car notre chambre à coucher était située sur le côté de la maison qui donne sur le jardin, et au premier étage. Nous déclarons enfin que, quoique habitant la même maison, nous n'avions aucune relation avec M. d'Equevilley.

[1] ALICIA D'ARCY.

MARTHA F. KANDY.

---

[1] Les signataires de cette déclaration, Mesdames d'Arcy et Kandy, sont deux dames âgées, très respectables, veuves de ministres protestants Anglais. Elles habitent Chaillot depuis long-temps.

244

Lusine, mari de la femme Lusine. — J'étais concierge
en mars 1845, chez M. d'Equevilley, je n'ai pas entendu
dire que des coups de pistolets aient été tirés dans le
jardin.

(Le droit, du 10 Octobre.)

Sionneau père, couvreur, rue des Batailles, 18, à
Chaillot.

Le président. — „Avez vous entendu des détonnations,
le 11 mars au matin?"

Le témoin. — „Je ne peux rien préciser pour ce
jour-là."

L'accusé. — „Je désire adresser au témoin une question
qui dépend de celle qui vient de lui être faite: a-t-il quelquefois entendu des détonnations à sept heures du matin?"

Le témoin. — „Je ne l'ai pas remarqué."

(Gazette des Tribunaux, 10 Octobre.)

Sionneau fils, couvreur, dépose comme son père.

(Gazette des Tribunaux, du 10 Octobre.)

M. Giraud, employé au ministère des finances, qui habitait en 1845 la maison de la rue des Batailles, déclare
qu'il n'est pas à sa connaisance que, le 11 mars de la dite
année, on se fût livré le matin à l'exercice du pistolet.

(Gazette des Tribunaux, du 10 Octobre.)

Marie — Louise — Adam, femme Lusine, concierge
de la maison rue des Batailles, 18, à Chaillot.

Le président. — „Le 11 mars, avez-vous entendu tirer
des coups de pistolet dans le jardin de la maison?"

Le témoin. — „Non."

(Le droit, du 9 Octobre.)

M. Charles MARY, employé, a habité la même maison que M. d'Equevilley; il a entendu tirer quelquefois dans le jardin de celui-ci, il ne se rappelle pas si le jour du duel, on a tiré des coups de pistolets; cependant il a entendu dire que le duel avait eu lieu dans le jardin de la maison.

(Le droit, du 9 Octobre.)

DÉCLARATION DES ARMURIERS DE PARIS.

Nous, soussignés, déclarons qu'après expériences faites par nous, dans nos tirs, le doigt introduit dans un pistolet, après un double flambage ordinaire, en est retiré noirci par la crasse que laisse la poudre brûlée; nous déclarons, en outre, que l'humidité de l'atmosphère doit influer beaucoup sur le résultat du flambage; nous déclarons enfin que nous ne connaissons pas M. de Beauvallon, et qu'il n'est jamais venu s'essayer dans nos tirs, à notre connaissance.

Paris, le 4 Octobre 1847.

> GASTINNE RENETTE, maître du tir Renette; — DEVISMES, arquebusier; — PÉRIN LEPAGE, arquebusier; — LEFAUCHEUX, arquebusier; — P. ROUVAUX, maître du tir Lepage; — LEFAURE, arquebusier; — CARON, arquebusier; — PIRMET, maître du tir Pirmet; — MOREAU, maître du tir Devismes.

La lettre que l'on va lire fut adressée de Valence (Espagne) à M. d'Equevilley, quelques jours après sa condamnation: elle porte pour suscription: A notre ami Vic-

tor d'Equevilley grande rue de Passy N°. 7 près Paris — par Barcelona — France. Lui faire parvenir. Le signataire M. Lemasson est un officier français, qui, après avoir fait la campagne de Portugal, vint en Espagne avec les chasseurs d'Oporto; il était lieutenant dans ce régiment sous le commandement du général Borso di Carminati et ensuite du général Don Juan Durando et de son frère Don Jayme Durando, qui tous deux viennent de s'illustrer au service de leur patrie, dans la dernière guerre de l'indépendance Italienne.

Du reste la position de M. Lemasson se trouve établie d'une manière officielle par le certificat de M. M. les officiers de la garnison de Valence qui termine la seconde partie de ces pièces, certificat délivré, comme on l'a vu, par l'autorisation du capitaine général des Royaumes de Valence et Murcie.

Victor!

C'est avec un sentiment profond d'indignation que je t'écris cette lettre; ici, amis et ennemis, tout le monde te plaint, l'absout même; j'ai honte d'être français: notre société pourrie ne laisse plus voir, à travers ses haillons, que son infamie et sa démoralisation. Nous avons suivi avec la plus grande attention les phases de ton procès, et partout nous y avons vu une partialité révoltante: ces juges sans cœur, incapables de comprendre qu'un homme poussé par un faux sentiment d'honneur et de générosité peut quelque fois rendre un faux témoignage, de quel droit vont-ils puiser dans le secret des familles? Seraient-ils contents, si chacun de nous osait lever le voile bienfaisant qui couvre la turpitude des leurs; ne voient-ils pas le Christ qu'ils ont sur la tête; pourquoi ne suivent-ils pas sa douce morale; juges, le premier de vous qui n'a pas péché, qu'il lui jette la première pierre. Enfin d'où sortent-ils ces juges, ces jurés inflexibles ..... [1]

..... Je pleure de honte, quand je vois des Pellaprat, des Cubières, des Parmentiers, des ministres, qui vendent leur honneur tous les jours, qui tous les jours portent des faux témoignages à la face d'une grande nation, qui sont pis enfin que les habitants de la forêt de Bondy, qui méritent mille fois les galères, et pour ces gueux là on a de la considération et toi pauvre enfant égaré, victime de ta générosité, la loi sévit contre toi; parceque ces têtes à perruques qui te servaient de juges voudraient anéantir jusqu'au dernier sentiment généreux qui peut surgir d'une jeunesse ardente; ils ont peur du fer parcequ'ils ne sont capables de le manier pour défendre leur honneur: et pourtant le soir leur seul passe-temps est de conter avec amour, avec orgeuil les roueries qu'ils ont commises dans leur jeunesse, et la moindre, je crois, est un gros péché en comparaison du tien.

Pourquoi, si sévères sur tout ce qui a rapport à ta défense, ne le sont-ils pas autant pour ceux qui t'attaquent? Où diable a-t-on vu que des armuriers osent dire qu'un

---

[1] Par respect pour le jury nous supprimons quelques lignes, où la généreuse indignation de M. Lemasson déborde contre ceux qui ont condamné son frère d'armes: c'est la seule chose que nous ayons voulu retrancher à cette lettre, c'est un soldat et un ami qui parle, ces deux titres suffisent pour en justifier les termes.

pistolet qui doit servir à un duel se flambe avec sept ou dix-sept grains de poudre: il paraît que ces Messieurs ont eu le bonheur d'avoir peu de ces sortes d'affaires. Les pistolets doivent être chargés avec la même charge de poudre que quand il y a la balle, et bourrés avec du papier.

Qu'est-ce que c'est que ce M. de Maynard, ce faux ami, cet homme débile, sans caractère; qui traite avec Salomon le juif par excellence, qui n'empêche pas le mal quand il le peut et le fait quand il devrait se taire: noble rôle que celui d'un homme qui se fait l'instrument d'une famille contre un compatriote, un ami: c'est à lui que le président aurait du dire que c'était un homme de qui on ne pouvait plus accepter de duel. Nous en sommes donc venus au point où un doigt noirci et un seul témoin condamnent à l'infamie toute une famille. Et de quel droit le président insulte-t-il Beauvallon, après s'être assuré qu'il peut le faire sans crainte?

Mon pauvre ami; tout a été contre toi, amis, ennemis, tous t'ont perdu.

Qui aurait dit à ton pauvre père qu'une mesure de prudence, prise par lui il y a plus de trente ans, serait la cause qu'aujourd'hui on nierait jusqu'à ton nom? Qui se serait attendu à la trahison de ce Maynard; il doit être bien riche, bien content de t'avoir abattu. Qu'avait aussi besoin ce Beauvallon de venir devant la cour faire le Don Quichotte, quand il devait bien voir que tout le monde était déjà prévenu contre toi, et combler par sa conduite la somme de haine que l'on t'avait déjà vouée. Mon pauvre Victor, je ne te ferai aucun sermon, rien de dur ne sortira de ma plume, mais rappelle-toi mes conseils depuis près de sept ans. Nous pleurons tous ici sur toi, amis et ennemis ont été attérés par cette condamnation, jusqu'à Schop [1], qui, comme tu le sais, t'aimait peu, et qui me charge de te dire toute la part qu'il prend à ton malheureux sort. Tous enfin, nous maudissons l'instant où tu es sorti de nos rangs pour te lancer dans ce haut monde corrompu où il n'y a ni amitié, ni honneur, ni rien au monde que l'on puisse appeler un sentiment généreux.

Ecoute, Victor, tu sais l'amitié que j'ai toujours eue pour toi ; je voyais tes défauts, mais je te les pardonnais, plus tu seras malheureux, plus tu y as droit. Vois donc ce que l'on peut faire pour toi ici: envoie-moi le modèle d'une pétition à Louis Philippe, je la ferai signer ici et à Madrid. Je crois que ce serait un bon moyen; parles-en avec Crémieux, lis-lui ma lettre si tu veux [2], et dis-lui que s'il a été malheureux dans ta défense nous ne l'en aimons pas moins ici, car il a prouvé qu'il était digne de comprendre ta position, il a compris que tu étais une victime offerte en holocauste à la haine de tes juges. Quoique voilà trois semaines que je suis malade, je me lèverai de mon lit de douleur pour te servir, s'il le faut. Adieu nos projets de voyage, adieu ma vie future, tout est fini. Je n'avais que toi à Paris pour me donner des nouvelles de ma famille et protéger mon avenir, tout est perdu.

Adieu, réponse de suite, et crois bien qu'ici dans l'es-

---

[1] Le capitaine Schop ancien lieutenant aux chasseurs d'Oporto: un des plus braves officiers de l'armée du centre.
[2] Le jour même de sa réception, cette lettre fut communiquée à Monsieur Crémieux.

250

prit de tes amis comme de tes ennemis tu n'as point
démérité.   LEMASSON.

                    P. S.

Je ne relis pas ma lettre, c'est pour moi une douleur
trop forte.

*La lettre suivante, qui a paru dans le Droit du 26 mars
1848, va faire connaitre de quelle manière M. d'Eque-
villcy est sorti de sa prison.*

A Monsieur le rédacteur du Droit.

Monsieur,

„D'après un article de votre journal, reproduit par plusieurs autres journaux, je vois que vous ignorez complète-
ment de quelle manière mon compagnon de captivité et
moi sommes sortis de notre prison."

„Voulez-vous bien me permettre de rétablir les faits
dans toute leur exatitude? Depuis trois jours nous étions
sans aucune communication du dehors; si on en excepte le
bruit de la fusillade qui arrivait jusqu'à nous, nous igno-
rions absolument les faits dont Paris venait d'être le théâtre.
Le 25 Février, à onze heures du matin, plusieurs de mes
amis, grâce à l'obligeance du chef du poste de la garde
nationale, purent entrer dans la prison et y communiquer
avec moi. Une pétition fut aussitôt rédigée par eux en
faveur de M. Beauvallon, de M. Vaillant, jeune ingénieur,
condamné à quelques mois de prison pour un accident involontaire arrivé sur un chemin de fer, et enfin pour moi.

Cette pétition fut immédiatement signée, sans aucune exception, par M. M. les officiers, sous-officiers, gardes-nationaux de la 7e légion présens au poste de la Concier-gerie; elle fut également signée par mes amis, par plusieurs citoyens armés qui se trouvaient au poste avec la garde nationale, et enfin par M. Crusère, directeur de la maison de justice, qui, en signant, ajouta que notre conduite, pen-dant notre longue captivité, nous avait mérité toutes les sympathies et rendus dignes de la grâce demandée pour nous.

„Ce fut le brave capitaine de la compagnie, ancien officier de la grande armée, qui voulut bien se charger de la pétition; il la remit lui-même à M. M. Caussidière et Sobrier, délégués du Gouvernement provisoire à la police; tous deux s'empressèrent de signer l'ordre de notre mise en liberté. Un seule condition nous fut imposée par nos géné-reux libérateurs; ce fut de n'emporter en sortant aucune idée de vengeance personnelle. Après leur en avoir fait la promesse solennelle et les avoir remerciés avec toute l'énergie de ma reconnaissance, je franchis le seuil de la prison où un an avant j'étais venu librement me constituer prisonnier."

„Je croyais et crois encore ma sortie on ne peut plus légale. Si un roi a le droit de faire grâce, le peuple vain-queur et souverain, comme il l'était ce jour-là, a bien le droit de faire grâce aussi. Je suis resté dix jours à Paris sans me cacher; j'étais chez moi, près de ma femme mou-rante; je ne la quittai ni jours ni nuits jusqu'au lundi 6 mars, où elle expira dans mes bras à vingt-huit ans, mar-tyre de son dévouement pour moi. Ma condamnation l'avait tuée. Ce ne fut que le lendemain soir que je quittai la

France, pour n'y plus rentrer que quand j'aurai ohtenu le droit de me faire tuer pour elle.

„Comme vous le voyez, Monsieur, il n'y a pas eu d'évasion, pas l'ombre d'un malentendu, aucuns malfaiteurs ne sont sortis avec nous. Je n'ai pas le droit de rien exiger; je vous prie bien humblemenl de vouloir insérer ma lettre; et avant de la terminer, permettez-moi de faire encore entendre le cri de ma reconnaissance à mes généreux libérateurs; laissez-moi leur dire que je suis et ne cesserai jamais d'être digne de la liberté, que je leur dois, et que jamais ils n'auront à se repentir de leur noble et généreuse action."

„Agréez, Monsieur, l'assurance de tout mon respect."

„Victor d'Equevilley."

Falmouth, 17 Mars 1848.

ADIEUX.

Le proscrit à l'exilé.

Du Havre le 28 Mars 1848 à Francfort sur Mein.

.... C'est donc un pied déjà sur le navire qui doit m'emporter, loin de cette France que j'aime tant, que je t'écris ces dernières lignes, en forme tout-à la fois d'adieux tendres et de vœux sincères. Puisse le ciel t'être enfin propice, pauvre moitié de moi-même, alors que j'ai souffert et gémi ..... Peut-être nous rencontrerons-nous encore dans la vie; en attendant ce jour, et quoiqu'il arrive, compte sur moi, comme je compte sur toi. Qu'un souvenir vienne de temps en temps consoler la solitude que je vais chercher par delà les mers, et que l'indifférence ou l'oubli ne puissent jamais séparer deux hommes, martyrs l'un pour l'autre et toujours amis.

Adieu donc encore, adieu frère, bonne chance et surtout bon courage.

L'exilé au proscrit.

De Francfort sur Mein le 5 Avril 1848 à .... (Amérique.)

Frère, j'ai du courage, et je ne t'oublierai pas ...... Le peuple nous a rendu la liberté; avec l'aide de Dieu, on nous rendra l'honneur, l'honneur que nous n'avons pas perdu, mais qu'on a voulu indignement nous ravir. Plus heureux que moi, tu vas revoir les tiens; près d'eux ne m'oublie pas: dis leur que tu n'as pas menti, que tu n'as pas été déloyal: dis à ton vieux père que tu es digne d'être le fils d'un brave soldat; dis-le lui de ma part, de la part d'un soldat comme lui; il nous croira tous deux ....

Adieu encore, et bon courage aussi . . . .

Errata.